どうする？
日本の英語教育

「地球市民英語」をめざそう

宮原 修 Osamu Miyahara

How can we do ? for the English education in Japan.
Let's aim at Global Citizen English.

はじめに

　「これからの日本の英語教育はどうあるべきか」を、読者の皆さんと共に考えるために本書を書きました。

　安倍晋三首相の日本政府・文部科学省（文科省）は、2021年度の大学入試「共通テスト」の「英語」に「話す（スピーキング）」を入れようとしました。しかも「話す」のテストは、大学入試センターが実施する「共通テスト」に入れるのではなく、複数の「英語民間業者テスト」の中から受験者が選択して得点が決まることになっていました。当然のことながら、受験者がどの業者のテストを受けるかによって得点に有利不利が出るのではないか、遠隔地・過疎地での受験者に不利になるのではないか、複数回受けられるので経済的格差が得点に大きく影響するのではないか、などなど試験の公正公平性にかねてから疑念が持たれていました。そもそも、何のために「話す」を大学入試「共通テスト」に入れなければならないのか、なども曖昧なままでした。反対運動の盛り上がりもあり、結局、英語の「話す」の「共通テスト」への導入は突然見送られました。

　しかしそれ以前から、英語の「聞く（リスニング）」は「大学入試センター試験」に導入されています。「聞く」の方は「英語民間業者テスト」でなく「大学入試センター試験」で実施されています。「共通テスト」でも実施されるでしょう。私は、「聞く（リスニング）」を「共通テスト」に入れるのにも反対です。

そもそも何のために入れるのかが曖昧です。**大学入試程度の高度の英語を「聞く」能力が、これからの日本人の多数にとってどれほど必要なのでしょうか。入学時にそれができないと、大学の学部の授業を受けるのにどれほどの不便があるというのでしょうか。これらの吟味がないままに、英語は「聞く、話す、読む、書く」の4技能が大切だから「共通テスト」に入れる、というのはあまりに短絡的ではないでしょうか。**

　本書では、「これからの日本の英語教育はどうあるべきか」を考えるために、学校での英語教育の"出口"であり、同時に大学への"入口"でもある大学入試の「共通テスト」に、英語の「話す」「聞く」を入れるべきか否か、を考えます。現在、日本ではすべての中学生が1年生の時から3年間、英語を学ばせられています。そして日本人の約97％が高校で3年間英語を学ばせられています。日本人は6年間何のために英語を学ばされているのでしょうか。そして日本人の5割以上が大学入試で英語を受験します。英語は単なる"受験のための道具"なのでしょうか。

　他方、5割くらいの日本人は高校を卒業して社会人となったり専門学校等に行きます。彼らにとって高校卒業は6年間の英語教育の"出口"です。彼らにとって6年間の英語教育はどういう意味を持つのでしょうか。

　その英語教育の"入口"を、中学校からでなく小学校から始めようとする動きがあります。文科省はすでに2020年から、小学校5年生、6年生に「教科」としての「英語（外国語）科」を学習指導要領に新設し実施に移しています。これは適切な動きなのでしょうか。熟慮に基づく判断なのでしょうか。そのあ

たりのことも本書で検討したいと思います。

　第Ⅰ章では、「大学入試「共通テスト」の「英語」に「話す」を入れる」という"出口"の問題から、これからの日本の英語教育はどうあるべきかを考えます。**私の立場（考え）は、「大学入試「共通テスト」の「英語」に「話す（スピーキング）」と「聞く（リスニング）」を入れるのに反対です。**ただし、英語の授業で「話す」「聞く」を重視するのには大賛成です。その理由について４つの視点から説明します。

　第Ⅱ章では、「小学校英語（外国語）教育」という"入口"の動向、問題から、これからの日本の英語教育はどうあるべきかを考えます。**私の立場（考え）は、「小学校英語教育（活動）」の"必修化"には賛成（Yes）ですが、"教科化"には反対（No）です。**その理由について小学校の現場の実践に則して説明します。

　そして、"入口"と"出口"の間にある学校英語教育課程（短大、大学も含む）を、私は"英語公園（英語パーク）"と名づけます。**その英語パークの中心（センター）に位置づく英語を私は"地球市民英語"と呼び、それをマスターすることによって、学習者一人ひとりが"英語コミュニケーション能力の向上"を実現できると考えます。**"地球市民英語"とは、英語の核心（core）とでも言えるものです。英語をすぐに身に付けたい読者は、まずここ（第Ⅰ章、2、(2)、の、「地球市民英語」とはどんな英語か）から読んで、自分で声を出していろいろ練習（practice）してみてください。あっという間に英語の核心が身につき、大学や高校に行かない人も行く人も、すなわち日本人

の誰でもがすぐに英語で話せるようになるでしょう。

　第Ⅲ章では、日本の英語教育に関する議論（"平泉―渡部英語教育論争"と臨時教育審議会答申）に焦点を当てながら、「これからの日本の英語教育はどうあるべきか」を考えます。そして、小学校、中学校、高校、大学（短大）の英語教育はそれぞれどうあるべきか、それぞれの連携（接続）はどうあるべきか、について考えます。

　「なんで英語やるの？」という質問が、子ども・生徒・学生から出てこない日本の英語教育の青写真を創ってみたいと思います。読者の皆さんも一緒に考えいろいろなアイデアを創ってみてください。

目次

装丁　柴田淳デザイン室

第Ⅰ章
大学入試に「スピーキング」を入れるべきか

1 大学入試「共通テスト」の「英語」に「話す」も「聞く」も入れるべきでない。

安倍晋三氏と下村博文氏と荻生田光一氏

　文部科学省（以下、文科省と略す。2001年の省庁再編で、文部省と科学技術庁が合体してできたのが文科省である。本書では2001年以前は原則、文部省とする）は現在の大学入試センター試験（以下、センター試験と略す）を、2021年度から大学入試共通テスト（以下、共通テストと略す）に変えようとしている。なぜわざわざ名称を変えようとしているかは分からない。2012年に設置された安倍晋三首相の私的諮問機関「教育再生実行会議」（議長は当時の下村博文文科大臣、第1回会議は2013年）の意向を受けているのだろうが、名称変更の理由ははっきりしない。たぶん、「改革」を名称（ことば）の変更でアピールしようとする安倍政権の常套手法なのだろう。大学入試センターという巨大な税金投入組織はそのままなのだから、わざわざ名称を変える必要はないのではないか。

　とはいえ、今のところ2021年度入試からは「共通テスト」に変更する予定とのことだから、本書では共通テストという名称を使っておこう。（本書が出版される頃には「共通テスト」

が始まっているだろう。）

　文科省はその共通テストの「英語」に2020年（21年度共通テスト）から「話す（スピーキング）」を入れようとした。しかし文科省は2019年11月1日に突如、21年度の共通テストに入れるのはやめ、5年後に延期すると発表した。その11月1日は、20年に実施される英語民間業者テストの「話す」を受ける予定の受験生が、受験手続のために必要な共通IDの発行を大学入試センターに申し込む、まさに最初の日（開始日）だった。すでにセンター宛てに発送した受験生もいた。中止と延期の発表をしたのは就任間もない萩生田光一文科大臣だった。

　萩生田光一氏は安倍晋三首相の盟友と言われ、当選回数も少ないのに安倍首相から異例の抜擢を受け文科大臣に就任した。「加計学園問題」の加計孝太郎氏と安倍首相と萩生田氏の"バーベキュー三人写真"からみると、萩生田氏は安倍首相の"一の子分"とも言えそうだ。文科大臣だった下村博文氏も安倍首相の盟友と言われ、安倍首相から文科大臣に任命された。下村氏は在任当時、塾団体や民間受験業者との以前からの癒着を指摘され国会でも追及を受けた。（「週刊文春」2015年3月5日号と4月2日号などの記事。江利川春雄著『外国語教育は「グローバル人材育成」のためか?』江利川他共著、ひつじ書房、2016年）下村氏は「話す」を含む英語民間業者テストの導入にも深く関与していたようだ。

　朝日新聞の11月2日の朝刊によると、大学入試センターの西山隆宏総務課長は前日（1日）朝の取材に対し、「報道は知っているが、文科省から何も話が来ていない」とのことで、センターが受け付けの「中止」を発表したのは、1日午後になって

からだった。萩生田文科大臣はその2日前の10月30には国会
で、「予定通り実施する」と明言していた。このことから分か
るのは、萩生田文科大臣の発表は文科省にとっても突然のこと
で、文科省としては「教育再生実行会議」で決めた「話す」の
導入を、既定路線として進めていたということだろう。すなわ
ち萩生田大臣は文科省内部でのていねいな議論抜きに延期を決
定したのである。これを安倍政権では「政治主導」と言うのだ
ろう。たぶん萩生田大臣一人で決められることではないので、
内閣府・菅義偉官房長官・安倍首相（つまり官邸）が決めたと
いうことだろう。その背景には高校生（受験予定者）の導入反
対運動や、全国高校校長会や日本教職員組合（以下、日教組と
略す）などの反対、それらに背中を押されての野党の反対など
があった。

　ちょうどそこに10月24日の萩生田文科大臣の「身の丈発言」
が飛び出した。「身の丈発言」は、教育の機会均等をないがし
ろにし、貧富の格差で高校生の進路を狭めようとする発言であ
る。他の意味も含めて萩生田氏個人の意見としてはありうるだ
ろうが、文科大臣の発言としてはいかなる弁解も許されない。
これだけでも大臣罷免や辞職に値する。しかし安倍首相は何も
しなかった。萩生田大臣を擁護するだけで自身の任命責任も認
めなかった。萩生田大臣も安倍首相も無責任と言う他ない。

　元文部科学事務次官の前川喜平氏は、次のように解説してい
る。「31日の1日で事態がひっくり返ったのは、官邸の指示を
文科省がそのままのみ込んだということ。（中略）高校生では
なく、政権へのダメージを最優先に考えた指示に従った結果、
延期という判断になったに違いない」（「週刊朝日」2019年、11

文科省の姿勢は

　萩生田大臣の突然の延期発表を受け入れた文科省の姿勢も問題だろう。こんな決定をすれば今まで準備してきた高校生（受験生）や高校教師、保護者など、あるいは後に触れる英語民間業者テストなどに混乱（迷惑）が起きるのは明白である。それにも関わらず文科省がすんなりと決定を受け入れたのは、もともと文科省もやりたくなかったのではないかという憶測すら生む。文科省は「話す」の導入に各方面から様々の批判があることは承知していただろう。にもかかわらず導入を決めたのは、やはり安倍首相なり内閣府の圧力に屈したのだろうか。そして今回はまた、政治圧力（官邸主導）に屈して突然の中止、延期を容認したのだろう。文科省は"主体的判断力"が欠如している、と批判されても仕方ないだろう。

　もちろん、文科省内に共通テストの「英語」に「話す（スピーキング）」を入れるのに賛成する考えもあったろう。さらには、英語民間業者テストの利用に賛成の意見もあったろう。しかし文科省としてどこまで本気でそれをやろうとしていたのだろうか。安倍政権・文科大臣や大学や英語民間試験業者の動向を様子見していたのではないだろうか。問題が起こったら次の年度に改良すれば良い、と思っていたのかもしれない。しかし受験生にしてみれば、実験台にされてはたまらないという思いもあるだろう。受験生の一生を左右するかもしれない入試は公正でなければならない。受験制度は受験生のために安定的であるのが望ましい。もちろん重大な問題があれば随時是正されなけれ

ばならないが。この点で文科省も無責任の誹りは免れないだろう。

　ただし私は、下村博文氏が発言しているような、文科省が大学などへの指導を強化せよと言っているのではない。最大の問題は政府・文科省内での議論、熟慮、検討が足りなかったことだ、と私は思う。

　とにかく安倍政権の「教育再生実行会議」で決められたことだから実行するしかない、議論は封印しようという "風（気分）" が文科省内に強かったのではないだろうか。本来なら、民間の学者や教員などの批判者、反対者を入れた会議で議論をおこなうべきだった。もっとも、そうさせないのが安倍政権の官邸主導政治なのかもしれない。便宜的な世論調査などで、100年の計ともいわれる教育政策を決めるべきではない（世論調査は時々の "風（気分）" に左右され個々人の熟慮を伴わないこともある）。

　さて、それでは共通テストの「英語」に「話す（スピーキング）」を入れるのは "良いこと" なのだろうか、"悪いこと" なのだろうか？　それは一人ひとりの立ち位置によって異なるだろう。例えば「話す（スピーキング）」が得意な人は "良い" と言い、不得意な人は "悪い" と言うだろう。"一般論" として良い、悪いを言う人もいるだろう。それでは話が広がりすぎ錯綜するので、以下の4つの視点から考えてみよう。

　最初に私の考えを一言で言えば、"悪い" である。私は共通テストの「英語」に「話す（スピーキング）」を入れるのは、「延期」でなく「完全中止」にすべきだと考える。センター試験にはすでに2006年度から「聞く（リスニング）」が入っているが、

私は「聞く（リスニング）」を共通テストに入れるのにも反対である。ただしあらかじめお断りしておくが、**私は学校の英語の授業で「話す」「聞く」を重視し教え学ばせるのには大賛成である。**「話す」「聞く」を共通テストに入れるのは"悪い"から入れない方が良い、と言っているのである。なぜ"悪い"のかはこれから説明する。

　萩生田文科大臣は21年度は中止するが、5年後には実施するので「延期」だと言っている。20年度に実施するため4年近く準備を進めてきたものを、延期するのになぜ5年もかかるのか？　5年後の学習指導要領の改訂などというのは理由にならない。現に21年度に実施しようとしていたのだから。5年後というのは、要するに、文科省としては急を要することでないし、5年後には安倍政権が代わるかもしれないので、ここは様子見しようということなのだろうか。文科省はすぐに「共通テスト」への「話す」「聞く」の導入を「完全中止」すべきである。私は萩生田文科大臣の中止（延期）決定のすぐ後に、「週刊金曜日」の投書欄に以下の小文を投稿した。（2019年12月6日号掲載）

　　共通テストに「話す」「聞く」は不要

　　「共通テスト」に英語の「話す」を入れるべきではない。英語の「話す」を共通テストに入れるのにはさまざまな背景や要因があろう。その一つに高校の「学習指導要領」に英語の「話す」があるから、があるだろう。

　　しかし、この前提（理由付け）は間違っている。なぜな

ら学習指導要領にあっても、「共通テスト」にないもの（教え・学ぶ）はたくさんあるからである。学習指導要領（学校）で教え学ぶからといって、すべてを「共通テスト」に入れる必要はない。私は小学校からの英語の「話す」「聞く」は大切だと思うし、高校でもどんどんやれば良いと考える。しかし、日本の多くの大学の授業は日本語でやっているのだから、大学の授業のためには必要ない。必要だと考える大学、学部、学科がやれば良い。国立大学協会や文部科学省が誘導すべきでない。その際、民間業者テストを利用する大学もあるだろう。体育大学、音楽大学や美術大学などの「実技試験」と同じである。

　「話す」「聞く」は慣れ（環境）や練習が大きく作用する「特別な技能」だから大人になってからでもできるが、大切なのはそれを使いこなすコミュニケーション能力である。テストのために練習するのでは身につかない。楽しい授業こそ大切である。

　安倍政権（萩生田光一氏は安倍首相の側近）は経済至上主義（経済産業省主導）で教育を歪め、"天下の愚策"の"全国一斉テスト"をNTTやベネッセと一緒に始めた。今回は民間業者テストの利用を考え、教育現場や生徒に重大な混乱を与えた。

　私は「聞く（リスニング）」の共通テスト導入にも「話す」と同じ理由から反対である。

　安倍政権は全国テストで教育をコントロールする発想をやめるべきである。教育の効果（結果）はじわじわと10年後、30年後、100年後に表れるのである。

英語民間業者テストの導入

　大学入試への「英語民間業者試験（テスト）」導入の経緯については、江利川春雄氏が自民党（遠藤利明氏や下村博文氏ら）と財界（三木谷浩史氏他）と文科省の動きを詳述している。（江利川春雄著『「大学入試に TOEFL 等」という人災から子どもを守るために』[大津由紀雄他共著『英語教育、迫りくる破綻』所収、ひつじ書房、2013 年] また、寺沢拓敬著『小学校英語のジレンマ』（岩波新書、2020 年）も同じ視点から詳述している。ただし、両者とも、2004 年から第二次小泉政権の文科大臣を担当した中山成彬氏へは言及していない。中山氏は大蔵官僚出身で 2001 年には経済産業副大臣に就任している。大蔵省出身で経済産業省経験者が文科（部）大臣になるというのは過去にあまりなかった。つまり、小泉政権の新自由主義的性格を体現する文科大臣が現れたのである。

　中山氏はあからさまに反日教組、南京事件否定などの歴史修正主義、ウルトラナショナリズム（トランプ大統領の「自国第一主義」と同じ）を主張し、思想的に安倍晋三氏の盟友だった。中山氏は文科大臣に就任してから「学力世界一」のアドバルーンをあげ、まと外れの「ゆとり教育批判」などを展開し、"天下の愚策"である「全国一斉学力テスト」実施への道を拓いた。新自由主義経済実現のために「英語重視」を打ち出す一方、右翼ナショナリストとして第一次安倍政権での「教育基本法改正（改悪）」(2006 年)への道も拓いた。"手には日の丸、口には英語"の路線が出来上がり、それが下村文科大臣、荻生田文科大臣という安倍晋三首相の盟友に引き継がれていったのである。なお、本書では、「イギリス語（英語）」と「アメリカ語（米語）」と

を区別せずに「英語」という言葉を使う。

　以下「なぜ悪いか」について、４つの視点から具体的に考え
てみよう。

〈視点１〉　「学習指導要領」にあるから共通テストに入れなけ
　　　　　ればならない、という理由づけは成り立たない。

評価と評定の違い

　初等中等教育の英語教育全般について議論する文科省の「英
語教育の在り方に関する有識者会議」（2014年設置）の座長を
務めた吉田研作氏（上智大学言語教育研究センター長）は、「４
技能（聞く、話す、読む、書く）試験を実施するのは、英語の
新しい学習指導要領が４技能を重視するものに変わる以上、そ
の評価が必要だからです」と述べている（朝日新聞2019年11
月18日朝刊）。この指摘はもっともらしく聞こえる。文科省も
同様の考えをとるのだろう。

　日本人は学校といえば“通信簿”で、５がいくつだとかいう
「評価」に慣らされてきた。だから学校では「評価」があるの
が当たり前と考えがちである。しかし厳密に言えば、“通信簿”
などの５、４、３、２、１などは、「評価」でなく「評定」である。「評
価」とは、一番簡単な例は「上手にできたね」とか「駄目だね」、
などと相手（生徒）の行為に対して評価者（教師）が判断を下
すことである。つまり教育での「評価」とは「指導」の中で常
に行われる行為である。だから教師なら、「評価」のあとには「指
導」をしなければならない。ゆえに狭義の「教育（教授・学習

過程）」とは、「指導」―「評価」―「指導」―「評価」のサイクルだともいえる。「指導」のためには「指導計画（Plan）」が必要だから、Plan ― Do ― See ― Plan ― Do ― See などのサイクルが PDS 理論などとも言われる（See の代わりに Check、次の Do を Action として、PDCA 理論などとも言われる）。

その「評価」の積み重ねを、ある時点で一定の尺度上（5段階、3段階とか、100点満点、10点満点など）に置いてみるのが「評定」である。吉田氏が「学習指導要領が4技能を重視するから、4技能の評価が必要だ」と言うのは正しい。ただし、4技能それぞれに対する教師のどのような「評価」が正しいかは別問題である。問題は、吉田氏が（文科省も）、学習指導要領で4技能の「評価」（「評定」も含む）が必要だから大学入試でも4技能を試験せよ、と言っていることである。ここには飛躍がある。入試が評価か評定かと言えば評定である。しかもその評定（入試）とは最終的な順番づけをして、合格か不合格かを決めるための手段である。これを入試の英語で4技能すべてについて行う必要があるかどうかが問題なのである。（「評価」と「評定」の区別は、第Ⅲ章でふれる CEFR を見る際にも重要である。）

学習指導要領にあっても大学入学試験、とくに「共通テスト」にないものはたくさんある。例えば、教科としては「体育」も「家庭科」も高校の必修教科だが「共通テスト」には「学科」も「実技（実習）」もない。「英語」でも4技能のうちの「書く」はない。マークシートで選ぶだけである。他の教科でも各分野からまんべんなく出題されているわけではない。

結論的に言えば、高校の学習指導要領にあるから必ず「共通テスト」で評定しなければならない、とはならない。ゆえに、「学

習指導要領で 4 技能の評価が必要だから、大学入試でも 4 技能を試験（評定）しなければならない」ということにはならないのである。

「英語コミュニケーション能力の育成」

　そもそも、センター試験や共通テストに「聞く（リスニング）」や「話す（スピーキング）」を入れようという議論が盛んになったのは、文部省が学校の「英語」という教科を、「英語コミュニケーション能力の育成」に重点を置くようにしたからである。これは田辺洋二氏（『学校英語』［ちくまライブラリー 50、1990 年］の著者）も指摘するように、昭和 62 年（1987 年）の「臨時教育審議会答申」（以下「臨教審答申」と略す）の影響が大きい。文部省は「臨教審答申」を受けて、平成元年（1989 年）の中学校、高校の「英語」の学習指導要領改訂で、「コミュニケーション能力の養成を基本とする」ことを明示した。「臨教審答申」は第一次、第二次、第三次、第四次（最終）と出されたが、それについては第 III 章で言及する。

　田辺氏は、「英語コミュニケーション能力」の重要な部分を占める「話す能力（スピーキング）」や「聞く能力（リスニング）」を生徒に学習させるためには、試験や特に入試に課さなければならないと繰り返し主張する。英語学習の"外発的動機づけ"として"受験（入試）"を利用しようというのである。確かにそれは中学校、高校の英語教師の現場感覚だろうが、**試験を"脅し"の道具として使わなければならない英語教育や学習から、われわれはそろそろ脱すべきではないだろうか**。日本全国で英語の授業を"苦しみ（苦痛）"と 受け止めている生徒は少なく

ないだろう。"英語嫌い"も少なくない。何のために英語を学習するのか、と考えている日本人も多いだろう。一方、入試に音楽や美術や体育がなくても、教師の教え方によってはそれらを多くの生徒が生き生きと楽しく学んでいる事実もある。英語という教科でもそのようなことが実現できないだろうか、と私は考える。

　じつは、臨教審答申の13年ほど前の昭和49年（1974年）には、自民党参議院議員で党の国際文化交流特別委員会の委員だった平泉渉氏が、「外国語教育の現状と改革の方向、一つの試案」（「平泉試案」と呼ばれた）を出した。「平泉試案」には「英語コミュニケーション能力の育成」という言葉は使われていないが、「英語会話能力」を軸とする現代英語の実用能力をこそ英語教育は目指さなければならないというものだった。これは戦前戦後を通しての日本の"文法訳読式"の英語教育を根本から批判するものだった。これに対して渡部昇一氏（上智大学教授）は、昭和50（1975）年4月の雑誌「諸君」（文芸春秋）に「亡国の英語教育改革試案」と題して、従来の"文法訳読"、"教養重視"の英語教育の立場から、「平泉試案」の"英語実用主義"を批判した。この論争は『英語教育大論争』（文芸春秋、1975年）として1冊の本にまとめられた。この論争についても第Ⅲ章でやや詳しく触れる。

　「平泉試案」の"5％論"

　当時私が「平泉試案」について一番問題だと思ったのは"5％論"である。平泉渉氏の"5％論"とは、「わが国（日本）の国際的地位、国情にかんがみ、わが国民の約5パーセントが、外

国語、主として英語の実際的能力を持つことがのぞましい。この目標が実現することは将来においてわが国が約600万人の英語の実用能力者を保持することを意味する。その意義は、はかりしれない。」というものである。私は当時この"5%論"に違和感を持った。これは明らかに"英語エリート論"である。すなわち、日本では一部の語学の才能のあるエリート（約5%）だけが英語を習得すれば良く、あとの日本人（95%）には英語は不要だし英語を学習する才能もない、という考え方である。平泉氏は、高校の外国語学習課程は厳格に志望者のみに課し完全集中訓練を行い、大学入試には外国語を課さず、全国規模の外国語（主として英語）能力検定制度を実施し「技能士」の称号を与える、とした。「大学入試英語全廃」だから、「技能士」の資格を与える「能力検定試験」は一種の民間試験あるいは国家試験になるだろう。この「（英語）技能士」が約5%になるということである。ただし、平泉氏は後に論争の中で、この"5%"は下限であり、30%でもそれ以上でも良い、と言っている。しかし、ここでは"5%論"としておこう。

　戦前の日本では、旧制中学、旧制高校、旧制大学で英語を含む外国語が必修科目とされ、それぞれの入試にも大きなウェイトを占めたが、そこでも英語会話のできる実際的英語能力を持てる者はわずかだった、と平泉氏は主張する。日本は開国以来"脱亜入欧"で、"お雇い外国人"などを通して主に米語・英語、仏語、独語などを積極的に教育に取り入れ、第一次世界大戦があった大正時代（1912～26年）には"国際化"の波も経験した。しかし"国際化"から孤立して日本は侵略戦争に突入し、第二次世界大戦で敗北した。

敗戦後の復興、60年代の高度経済成長を経て、再び日本は"国際化"を経験しはじめる。「平泉試案」が出された1974年は、戦後の"国際化"の入り口の時代だった。当時平泉氏は、"国際化"が現在の"グローバリズム"といわれる状況まで進展するとはたぶん考えなかったろう。私は、戦後日本の中学校、高校などでの外国語科（主には英語科）の設置、そして高校進学者が1970年代には90％を越え、英語科がほとんどの中学校、高校の実質必修科目になっていることを考えれば、「平泉試案」の"5％論"すなわち"英語エリート論"に賛成することはできなかった。

　しかし平泉氏は、だからこそ「その成果がまったくあがっていない」英語教育を「厳格に志望者」のみが選択する教科にせよ、というのである。多くの中学生、高校生たちが"英語"それも"受験英語"に脅され苦しめられていることは、私も当時の中学、高校の英語教師（非常勤講師）として経験的に分かっていた。だから平泉氏の主張もわからないではなかった。生徒たちを英語の"苦しみ（苦痛）"から救う道は二つある。一つは、平泉氏が主張するように、「志願者（希望者）」のみが英語を学校で学ぶことであり、英語を学ばない生徒が不利にならないように、高校入試、大学入試に英語を課すことを止めることである。もう一つの道は、すべての中学生、高校生が英語の学習を"苦しみ（苦痛）"と感じないようにすることである。私はその方法を探す方の道を選んだ。その方法がどういうものかについてはこれから述べる。

　ただし、平泉試案の「大学入試から英語をなくす」というのは重要な問題提起であり、多面的な検討に値する。上で述べた

「共通テスト」に「話す（スピーキング）」と「聞く（リスニング）」を入れないのもその答えの一つである。

阿部公彦氏の批判

　阿部公彦氏（東京大学教授）は大学入試に「話す（スピーキング）」を入れることについて根源的な批判を展開している（阿部公彦著『史上最悪の英語政策——ウソだらけの「４技能」看板』ひつじ書房、2017年）。阿部氏は次のように批判する。「しかし、もしスピーキングがテストとして導入されたとしたらどうでしょう。ましてや大学入試。しゃべっている様子が事細かく採点されるわけです。もしそうなったら「どんどん間違えても大丈夫」などとは受験生にはとても思えないでしょう。むしろどんどんこわばってしまう。神経質になる。塾であれこれ先生にアドバイスされたことを必死に思い出しながらしゃべることになる。当然、自然な会話など望むべくもなくなる」（阿部同書、14ページ）

　阿部氏は大学入試に導入される「スピーキング」関連の民間業者テストの問題点や、導入の背景にある政治家や財界人の動き（考え方）、大手予備校を含む英語民間業者（TOEICやTOEFL等の英語力診断テスト業者）やそれに関係する英語教師、文科省などの動き（考え方）をていねいに鋭く“診断”し、批判している。ぜひお読みいただきたい。

　阿部氏は次のような指摘もしている。「それ（日本人が人前で英語を口にすること）は「恥ずかしい」などという言葉ではとても十分に説明できない、何か文化的な重しのかかったものなのかもしれません」（14ページ）。私はこれはとても重要な指摘だと思う。本書では私の体験も踏まえながら、この「文化的

な重し」についても考え、「真のコミュニケーション重視の英語教育」とはどういうものかを探っていきたい。

　はっきりしていることは、「共通テスト」に「話す（スピーキング）」や「聞く（リスニング）」を入れても、日本人の「英語コミュニケーション能力」が育成されたり向上したりすることはない、ということである。これは「コミュニケーション」および「コミュニケーション能力」の定義にも関係するが、田辺洋二氏や三木谷浩史氏、そして遠藤利明氏や下村博文氏のような政治家などの「コミュニケーション重視」論者にはその認識が欠けている。

〈視点２〉「発音」は一人一人違う──日本人の"発音恐怖症"

　日本人の"発音恐怖症"
　「共通テスト」の「英語」に「話す（スピーキング）」を入れると、採点者（評定者）は真っ先に「話者（被受験者）」の「発音」を評定するだろう。つまり日本の英語教育で最もなじみのある「発音が"良い""悪い"」が、入試で評定されるのである。日本人が"英語嫌い（苦痛）"になる大きな理由の一つは、授業で常に教師からも生徒からも発音が良い、悪いと評価されることだろう。音楽で歌を歌っている時に"音痴"と言われるようなものである。"音痴"と言われると歌を歌いたくなくなる。歌うことが怖くなる。それと同じで、「発音」の"良し悪し"が強調されると、英語を発声したり話したくなくなる。その結果日本人は英語を話すことに極端におびえるようになる。"発

音恐怖症"である。

　私の体験を言うと、戦後15年近く経った頃、私は仙台市の国立大学附属中学校に通っていた。国立の附属学校は基本的に実験学校なので、中学1年生の英語の時間にアメリカ人の女性が来て「発音」の指導をした。メガネをかけた大柄のアメリカ人女性は、「L」と「R」の発音の違いを教えようと、私の（私だけでなく）口の中に手を入れて無理やり私の舌を動かそうとした。今なら"パワハラ"とでも言われそうだが、そのアメリカ人女性は一生懸命だった。その"暴力的"とも思える一生懸命さは気持ち悪さとともに今も覚えているが、それで私が「L」と「R」の発音の違いができるようになったとは思えない。

　それはともかく、英語の発音というと、「L」と「R」の違いが強調されてきた。確かに「L」と「R」の発音の違いによって単語の意味はまったく違うことは確かだ。よく引き合いに出されるのが Lice（しらみの複数形）と Rice（お米）の違いだろう。Lace（レース編み）と Race（競争）、Light（光）と Right（右）などもある。日本人が区別して発音しにくいし、注意して発音した方が良いのは確かだろう。

　日本語は"タテ口"ゆっくり、英語は"ヨコ口"スピード、は本当か

　しかし、最近の若者は「L」と「R」などの発音の違いは簡単に発声できている。それは日本語の発音が変わってきたこととも関係するだろう。私が小学生の頃には教室に日本語の「あいうえお、かきくけこ」の50音表があり、それに口の形まで表示されていた。日本語はとにかく口を大きく開けてはっきり

と発音することが強調された。まさに口を"タテ"に大きく開けるのである。舌は余り動かさない。しかし、最近の若者は歌を歌う時でも口をタテに開けるよりは、ヨコに開けるか開けないかくらいで歌い、話すときもそんな感じである。だから私のような"旧世代"には聞き取りにくいし、もぐもぐ話しているようにしか聞こえない。

しかし、口をヨコに動かす動きは英語の発音には適している。「L」は思い切って口をヨコに広げ、舌を平らな感じにして「エル」と発音すれば良い。最初のうちは舌を前歯の後ろ側に付ける努力をしても良いだろう。「R」は口をダラッとさせて、喉奥から「アール」と言えば舌が自然に喉奥に引っ張られ巻くような感じになる。この練習を繰り返せば「L」と「R」の違いができるようになる。日本語の発音がかつての「あいうえお、かきくけこ」のような、ぎすぎすしたとんがった発音ではなくなり、まあるくなったような感じで発音されるようになったこともあって、「R」の発音に抵抗感がなくなっているのかもしれない。英語の発音が日本語の発音を変えているともいえる。

日本語を話すスピードが速くなっているのも、英語のスピードに慣れるには好都合かもしれない。これも英語と日本語の相互作用とも言えそうだ。能や狂言や歌舞伎の日本語のスピードは英語のスピードとは無縁である。もちろんこれは一字一音という日本語の特性にもよるものだ。インド・ヨーロッパ語圏内のドイツ語やフランス語その他は英語のスピードに似ているし、実は中国語やタイ語なども英語のスピードに似ている。ゆえに、ヨーロッパ人はもとより、中国人やインド人、タイ人などは英語を話すのにあまり抵抗を感じないようだ。ただし英米

人でもゆっくり英語を話す人はいる。

　日本語と英語の「発音」が相当違うのは確かである。それを"言語間の距離"があるともいう。発音に限らず、統語法、文法、文字など、日本語と英語、独語、仏語そのほかのインド＝ヨーロッパ語との"言語間の距離"は大きい。まったく違う言語である。1970年代頃までには、日本人が英語を話せばすぐに日本人の発音だと分かった。しかし近年は全体的にみれば、日本人の発音が"英語向き"になってきているのは確かだろう。それだけ日本の英語教育が普及したともいえる。それは学校教育だけでなく、テレビそのほかのメディアの日本人の英語発音が、"日本語的英語"でなく"英語化"してきていることにもよる。

　しかし、**今も日本人の中には英語と日本語の発音の違いに強い違和感を持ち、英語の発音ができない日本人（生徒）が少なからずいることを忘れてはならない。**

　声が出ない生徒、帰国生徒の涙
　ここでまた私の体験を少し紹介させていただく。私は1972年に仙台市の私立高校で英語の非常勤講師を1年間やったが、その時の授業に体格の良い柔道部の生徒がいた。英語の苦手な彼に教科書の英語を読ませる、というよりは、英単語の発声を促したのだが、彼はどうしても英語を発声できなかった。見ていると、呼吸をして発声しようとしているのだが、首のところで呼吸が止まってしまう感じで、どうしても英語の発声ができなかった。彼は真面目な性格で一生懸命声を出そうと額に汗までにじませていたが、発声できなかった。身体の全体、特に肩に力が入ってしまい肩が固まり呼吸が止まってしまう、という

感じだった。日本語と違いすぎる英語の音声が、彼の発声レパートリーの中になかったのかもしれない。日本語と英語の発音の違いは、彼にとってまさに"タテ"と"ヨコ"ほどの違いだったのだろう。[a（エイ）] と発声すること自体に抵抗があったのだろう。彼が幼少の頃から[a]の発音に接し発声していたら、そのような抵抗感は軽減されていただろう。

　彼／彼女のようなケースはけっして特別ではない。1974年から78年にかけて、私は教育学研究のため大学院に通いながら、東京都内の公立中学校4校で英語の非常勤講師をしたが、同様の経験はどこの教室でもあった。日本語と異なる英語の「発音」は、ある生徒にはものすごい抵抗感（苦痛）があるのである。このような体験が、私が小学校からの"触れて楽しむ英会話"に取り組んだ理由の一つでもある。中津遼子氏は1974年に『なんで英語やるの』（文春文庫）という本の中で、日本人に英語の発音をさせるためにマット運動などをとりいれた。中津氏は英語の発音に対する日本人の身体・呼吸の"こわばり"、"固さ"をほぐそうとしたのだろう。

　ところで、「発音」をめぐる重要な問題がもう一つある。1960年代から日本の学校の英語の授業で、テープレコーダーで英語音声を聞かせることが始まった。「オーディオ・リンガル（audio-lingual）アプローチ」などと言われ、パタン・プラクティスの全盛時代となった。その頃からLL（言語［英語］ラボ）なども導入されたりして、英語教育で「聞く（リスニング）」が重視されはじめた。しかし、授業でのテープレコーダーは教科書の英語を音声化（音読）したものだった。その英語の音声（発音）が、いわゆる「標準英語」とされた。つまり、テー

プから流される発音が正統な発音で「発音の唯一の正解」とされた。だから生徒も教師もテープの発音を真似しよう、模倣しようと躍起になった。発音の"良い、悪い"はそれが基準になったのである。

　ところが、1980年代頃から帰国子女（以下、帰国生徒という）が日本の学校に入るようになった。アメリカはもとより英語を話すアジア各国からの帰国生徒も増えた。特にアメリカから帰国した生徒は英語が話せるし、アメリカ仕込みの英語である。英語の「発音」が"母語的（native-like）"で、授業での「標準英語」とは異なる響き（発音）もあった。スピードの違いもあり、帰国生徒がそれを理由にいじめられることもあった。まさに日本人生徒から"白い目"で見られたのである。（1986年に出版された大沢周子氏の『たった一つの青い空』（文芸春秋）は、自分の子どもが日本の学校で"帰国生徒の英語"ゆえに、生徒からも教師からもいじめられる状況を報告している。）

　英語（イギリス語）と米語（アメリカ語）の違いは1970年代頃から教師にも意識されはじめたが、「標準英語」はイギリス語であり、テープの英語（発音）だけが唯一の正解だった。学校では「標準英語」をひたすら模倣し暗記する学習（ミムメム法：mimicry and memory method とも言われる）が強制されたのである。

「標準英語」だけが英語じゃない

　しかし90年頃には海外帰国生徒の数が増えたり、日本人の海外旅行も飛躍的に増大した。それに伴って、日本人が"生の英語（native English）"と接することも多くなった。それにより、

「標準英語」だけが英語じゃない、という認識が日本人の間に広がりだした。1987年には外務省主導のJETプログラム（Japan Exchange and Teaching Program. の略。「語学指導等を行う外国青年招致事業」）という事業が始められ、日本の学校の英語の授業のなかに英語を native language（English）として話す外国人が、補助教師（最初は英語補助教師、AET［Assistant English Teacher］で後には言語補助教師、ALT［Assistant Language Teacher］と呼ばれた）として参加するようになった。アメリカ人が多かったがイスラム教徒のアメリカ人などもいた。イギリス人、アイルランド人、カナダ人、フィリピン人などいろいろだった。「英語」だけに限らず「ドイツ語」「フランス語」その他の言語が対象だったが、だんだん「英語」に収斂し（日本のほとんどの学校の外国語が「英語」）、ドイツ、フランス、ロシア、その他の国の人も「英語」を教えるようになった。

　いろいろの出自を持つ人が話す英語は特に「発音」がいろいろである。そのいろいろな英語の発音が日本の学校の英語の授業に入ってきたのだから、"黒船来航"のような画期的なことだった。**英語には「標準英語」だけでなく、"方言"なり"お国なまり"とでも言えるような"英語"もあるということに、多くの日本人が気づき出したのである。**第Ⅱ章で触れるが、ALTは小学校の"触れて楽しむ英会話"の授業にも参加するようになり、「標準英語」だけでない英語の発音に、小学生も大人も広く日本人が接するようになった。これにより日本人は「英語」を、自分と関係ありそうもない「外国語」ないしは「言語」という対象物でなく、日本語と同じく人間が日常的に使う"ふつうの言葉（道具）"として認識するようになったのではない

だろうか。日本の田舎でも都会でも“外国人”に親しく接する人が増えた。これにより日本人の“英語崇拝”、“発音恐怖症”、“英語コンプレックス”などが解消される可能性が出てきた。

標準語と方言や個人言語

　さらにわれわれは、英語にも“方言”や“お国なまり”（dialect）だけでなく、“個人言語”（idiolect）といわれる、英語を話す一人一人の“くせ”なり“特徴”があることにも気づきはじめた。

　言葉は一人一人の人間によって発せられる以上、その個人の顎、唇、口、喉などの形や構造や、口の中の歯の並び方あるいは大きさなどの違いの影響を受ける。それらがまったく同じ人などいない以上、そこから発せられる音声、音質も異なる。もちろん、身体の奥のお腹から空気を吸って（腹式呼吸で）発声する人、胸のあたりだけを使って呼吸し発声する人、喉元だけで発声する人、などなど発声も人それぞれである。そのさまざまな発声が「発音」をつくる以上、言葉の「発音」が一人一人異なるのは当然である。みんなが「標準発音」ができるとは限らない。「標準発音」の強制、「標準発音」への矯正は、人によっては、“左利き”を無理に“右利き”に変えられるような苦痛を感じることもあるだろう。英語の発音を教えるとき、「標準英語発音」の強制は、母国語の方言（dialect）や個人語（idiolect）の容認からみても抑制されなければならない。一人一人の発音の“くせ”なり“特徴”が尊重されるべきなのである。

　英語の方言（dialect）や個人言語（idiolect）の存在は日本語にもある。たぶん世界のほとんどの言語にあるだろう。日本語

に方言があるのは日本人なら皆知っている。明治時代になって、近代統一国家日本を作るためには方言は有害と見なされた。実際、例えば青森県の人と鹿児島県の人とでは、言葉（日本語）による意思疎通が困難だった。それでは例えば統一軍隊（日本軍）の指揮命令系統が成り立たない。そのようなこともあり、統一言語としての「標準日本語（標準語・国語）」の設定が要請された。そんな中で、日本国の首都東京の山の手地域で使われていた言語が「標準日本語（標準語）」として設定された。1924年（大正13）年には東京の中央にある愛宕山にNHK（日本放送協会）の前身の東京放送局が作られ、翌年から全国に「標準語」による放送が発信された。「標準語（国語・日本語）」はアナウンサーを通して東京から全国に普及した。

　じつは、全国どころか、海外の日本の植民地にも「標準日本語」は強制されたのである。当時の日本国内、海外植民地の国定教科書の教師用指導書には、「標準日本語」（"純正国語"と言われた）の発音が事細かに表示されており、教師がその発音を外国の生徒にも強制したのである。植民地時代を経験した台湾のお年寄りの日本語の発音は見事に「標準日本語」である。それが戦後の日本の小学校の教室の「発音表（口形表）」にも残ったのだろう。（『近代日本教科書教授法資料集成、第6巻、教師用書2国語篇』東京書籍、昭和58年。に詳しい。「国語」のイデオロギー性については、安田敏明著『「国語」の近代史』[中公新書、2006年]や、イ・ヨンスク著『「国語」という思想』[岩波書店、1996年]、田中克彦著『ことばと国家』[岩波新書、1981年]などに詳しい。）

　余談だが、敗戦直後の歌謡曲の代表とも言える「青い山脈」（昭和24年）を歌った藤山一郎や、「高原列車は行く」（昭和29年）

を歌った岡本敦郎などは、"口をタテに開ける"日本語発音（発声）の典型例と言えよう。彼らの歌う姿（口の動き）はスマホでも見られる。

　　敗戦後の"英語崇拝"とアンチ"英語崇拝"

　そのような戦前からの国語（日本語）教育の伝統が、日本の英語教育にも引き継がれ、日本人の"英語発音恐怖症"が形成されたのではないだろうか。

　敗戦後すぐの日本は主に英語を話す連合軍によって占領支配された。日本語が英語に切り替えられることはなかったが、主にアメリカ人による英語（米語）が軍人や宣教師などを通して流通し、VOA（Voice of America）とかFEN（Far East Network）の英（米）語が短波ラジオを通して日本国中に流された（当時米軍基地は日本全国にあった。私が生まれ育った仙台市にも郊外に鉄条網が張り巡らされた進駐軍の広大な駐屯地があり、郡部の演習場から帰る20輌以上の戦車連隊が砂ほこりを上げて市内を通過していた）。1946年からはNHKで平川唯一アナウンサーの「英語会話教室」（通称「カムカム英語」）が始まり、1958年から日本の民間の放送局（文化放送）で流された「百万人の英語」は、まさに百万人余の日本人に聴取されたようだ。その他の「英会話講座」もラジオ放送で流された。英語は"占領軍の英語"だから、日本人はひたすら発音を真似るしかなく、日本人の"標準英語崇拝"が広まり、同時に"発音恐怖症"も広がったのだろう。

　しかし一方、一部の日本人の間には、当時、戦勝国で占領軍の英語や、英語を話す外国人や日本人に対する嫌悪感が醸成さ

れたことも確かである。それが英語教育に対するアレルギー、特に英語を発音することの"苦痛"の源になっている人もいる。

　アメリカが英語で"アメリカ民主主義"を広めようとしたのは確かだろう。戦前の大日本帝国の軍国主義の一掃を目指し、民主主義を日本に植え付けようとしたのである。同時にそれは米ソ冷戦下で日本人に"反共思想"、"自由主義（資本主義）"を植え付けようとしたことでもあった。（江利川春雄著「日本はどうして英語一辺倒主義になってしまったのか」[『英語だけの外国語競争は失敗する』所収、ひつじ書房、2017年]は戦後の日本へのGHQによる英（米）語の侵入拡大を資料等から叙述している。）

　一方、日本全国では、戦後のラジオの普及もあり、日本国内に「標準日本語」が広まった。さらに1960年代にはテレビの普及もあり、子どもでも小さい時から標準語に接するようになった。ところが、テレビが普及するにつれてテレビタレントやふつうの日本人（生活者、庶民）もテレビに出て日本語をしゃべるようになり、方言なども堂々と全国に発信されるようになった。もちろん、日本語の個人語も矯正を受けずに話されるようになり、タレントの話す"くせ"や"特徴"も、"売り"になったり真似されたりするようになった。日本語の発音が多様化したとも言える。

　さらにはロック音楽やフォークソング、ロック・フォーク、ジャズなど英（米）語の音楽もラジオ、テレビなどに頻繁に流れるようになり（レコードも普及した）、日本語のスピード（速さ）も急速に速くなり、日本語の一音一音の区切りも曖昧になった。それを日本語の"英語化"と言うこともできよう。それが良いか悪いかは別にして、言語は人間の使い方によっていろい

ろ変化することの一例であろう。民主主義社会では、戦前のような“純正日本語”を強制することは許されないのと同様に、「標準英語」を強制することも許されないだろう。「標準英語」の強制は植民地時代の英語教育だとも言える。民主主義社会では一人ひとりの発音の違いが尊重され理解されなければならない。

　戦後早くから国際的な交流事業に携わり、市民として世界の人々と交流し大学でも英語を教えた渡辺武達氏は、「日本人の国際英語」として「ジャパリッシュ」という英語を提唱した（渡辺武達著『ジャパリッシュのすすめ』、朝日選書229、朝日新聞社、1983年）。ジャパリッシュとは、日本人（日本語）の発音（英語としては“日本語訛り”となる）を堂々と残す（残さざるを得ない）英語の発音ということである。戦後早くフルブライト留学生としてアメリカ生活を体験した作家の小田実氏も、60年代から「日本人の自分だけの英語」を「シングリッシュ」や「イングラント」などと言っている。言語社会学者の鈴木孝夫氏も同様の英語を70年頃から「イングリック」と言っている。それ以前から世界では pidgin English（ピジン英語）という、中国語訛りと英語が混合したような英語も通用している。それも「イングラント」や「イングリック」の一つと言えよう（小田実のイングリッシュとエスペラントを組み合わせた「イングラント」については小田実著『状況から』［岩波書店、昭和49（1975）年］に詳しい）。

　アメリカ人のグレン・サリバン（Glenn Sullivan）は、世界の国や地域で多種多様な「英語」が使われていることを体験的に例示している（グレン・サリバン著『「日本人英語」のすすめ』

講談社現代新書、1993 年）。なお、渡辺武達氏の『ジャパリッシュのすすめ』には、1960 年末の"大学紛争"を経験した渡辺氏が、大学での英語教育改革を実践した優れた実践記録が載っている。

　以上のような「発音」に関する種々の問題の視点から、私は英語の発音の幅を狭めることになる、「共通テスト」への「話す（スピーキング）」試験の導入に反対するのである。当然のことながら、「発音記号」で表示される発音を唯一の止解とする発音のペーパー試験にも反対である。**入学試験だけでなく、小学校からの英語の授業においても、学校の試験（テスト）においても、「発音」の正解を一つに決めることはよくない。**さてそれでは、英語の「発音」の指導はどのような方法が望ましいのだろうか。それについては本章の2・(2)で述べる。

〈視点３〉　「話す」とはどういう行為か──「コミュニケーション」とは

「コミュニケーション」とは
　「話す」とは、ビジネスの場なども含む日常生活においては、相手の人（一人も複数もある）に対して、自分の考えや思いや感情などを伝えようとする発話行為である。多人数を前にして話すのは講演とかスピーチなどと言われる。相手がいない状態で話すのは独語（独り言、一人語り）などと言われる。だからふつう「話す」といえば、日常生活での「話す」が想定される。学校の英語の授業でも「話す」といえば、日常生活での「話す」

から教え学ばせようとする。それを「英会話」と言うこともある。Conversation は会話、対談などと訳されるが、比較的親しい間での話しという感じがある。

　「コミュニケーション（communication）」という言葉（概念）の原義は辞書にある通り、「伝達、交信、交際」など、人間（個人、集団）と他の人間（個人、集団）との間でやり取り（交信）する行為である。この原義から発して「コミュニケーション学」ともいえる研究が広がりを見せた。「コミュニケーション」は主に第二次世界大戦後アメリカで盛んに研究されるようになった。私は「コミュニケイション」とカタカナ表記したいところだが、一般的な表記に従って「コミュニケーション」と表記する。このような表記法を「日本語（カタカナ）化した英語」と私は呼んでいる。「カジノ（casino）」、「ウィルス（virus）」、「ワクチン（vakzin）」、「ブレーキ（brake）」、「ケーキ（cake）」、「メデア（media）」などなど、日本語の発音体系に同化してしまって、英語母語話者には通じない英語である。これらのカタカナ表記は多く使われることによって決まるので、時間と共に変化するものが多い。

　それはともかく、アメリカ・ミシガン大学の D.K. バーロ（David K. Berlo）は「コミュニケーション」について次のように述べている（D.K. バーロ著『コミュニケーション・プロセス』1960 年、布留武郎／阿久津喜弘訳、協同出版、1972 年）。 要約すると、アメリカではコミュニケーションの源流をアリストテレスの修辞学（レトリック）に遡る論者もいるように、コミュニケーションを送り手（話し手）から受け手（聞き手）への一方向的な弁論術、説得術とする考え方が主流であった。だから、

コミュニケーションとは言語による個人間および個人内会話はもとより、文学、演劇、美術、音楽その他いろいろな記号媒体を介して、送り手の意図（思想、感情、知覚など）を受け手に伝達しようとする行為・プロセスと考えられる。説得し伝達しようとする行為だから、基本的には送り手から受け手への一方向的な説得・伝達行為が企図される。それが宣伝や広告（コマーシャル、CM）であったり、マス・コミュニケーションであったりする。それに対して、修辞学に批判的だったソクラテスの対話術的な説得方法（dialogue）を重視し、双方向的なコミュニケーションを重視する論者も現れた。

　ゆえに現在では、『哲学辞典』（平凡社、1971年）の次のような指摘が重要だろう。「コミュニケーションはラテン語のcommonis つまり common からきている。人間はコミュニケートする時、だれかと「共有なもの」commoness をうちたてようとしており、情報、思想ないし態度を共有しようとしているといえる。」現代の民主主義社会では、権威主義的な一方向的な説得ではなく、双方向的、対話的な説得による「意味の共有」こそがコミュニケーションとして重視されるべきだろう。お互いに、説明しよう、説得しよう、応えよう、分かり合おう、とする「コミュニケーション能力」が大切なのである。

　（竹内成明著『コミュニケーション物語』［人文書院、1986年］は人間のコミュニケーションを人類の起源にまで遡って考察している。）

　「コミュニケーション能力重視」とは
　英語教育における「コミュニケーション能力重視」もこのよ

うな方向で考えられるべきである。同時通訳者として有名になり、英語教育・異文化コミュニケーションの専門家でもある鳥飼玖美子氏は、「入試にリスニングを導入することに反対する根本的な理由として、コミュニケーションは相互作用であり、相手との関係を作り上げる対話力が基本、という点が挙げられます。相互作用の中での「聞く力」には、聞き取れなかった時の対応も含まれます。けれど、それは相手とのやり取りの中で発揮される能力ですから、試験のために作られた人工的な会話を一方的に聞くだけでは測定できません（後略）」（鳥飼玖美子著『危うし！小学校英語』文春新書、2006 年）。これは「聞く（リスニング）」が大学入試センター試験に導入される前の鳥飼氏の「反対論」だが、私はこの「反対論」に全面的に賛成である。卑近なことでいえば、コミュニケーションを成り立たせるためには何度でも "I beg your pardon." なり "Pardon?" と相手に聞く必要があるし、"Please speak more slowly." と言えばよい。いずれの場合も "I'm sorry," なり "Sorry, but," なりを付ければていねいな言い方になるだろう。分かったような顔をして相手の話を聞いていたがじつは何も分かっていなかった、の方が相手に対してよほど失礼なのである。

　演出家・演劇人の竹内敏晴氏は「簡単にまとめて言えば、話しことばとは発話する主体が音声を空中にちらばすことではなく、身体全体で相手に働きかける人間行為の音声的な一側面にすぎない」と言っている（竹内敏晴著『話すということ』国土社、1981 年）。この「身体全体で」というのは、頭の中に蓄積された「言葉」を発するのではなく（「頭」も身体の一部ではあるが）、むしろ "腹の底から" 自分の言葉として発することの重要性を

言っているのだろう。"他者の（借り物の）言葉"でなく、自分自身の身体（思考や想像力）をくぐり抜けた経験的な確かさを持つ言葉を発することこそが「話す」ということだ、と竹内氏は言っているのだろう。

　例えば、私が対象に心底感動して、感情をゆさぶられて「きれいだ」と言うのと、対象にたいする単なる"あてはめ"として「きれいだ」と言うのとの違いである。前者の場合、感動のあまり「きれいだ」という言葉さえ出ないかもしれない。あるいは、事案に対してよく考えて、理性的に「悪い」と言うのと、事案に対する単なる"あてはめ"として「悪い」と言うのの違いなどである。

　環境問題に対するスウェーデン人のグレタ・トゥンベリさんの発言（言葉）は、聞いている私にまさに直接的に体当たりしてくる感じで迫ってくる（話しかけてくる）。ノーベル賞受賞者のパキスタン人のマララ・ユスフザイさんの英語も同様である。彼女らはまさに「身体全体で」話しているのである。

「暗記・引き出し型発話」と「経験・創造型発話」
　この二種類の発話の違いを、私は、「暗記・引き出し型発話」と「経験・創造型発話」の違いに分類できるのではないかと考えている。「暗記・引き出し型発話」とは、頭の中に単語（語彙）や熟語（イディオム）や文章を暗記・暗誦して蓄積し、発話の時にそれを蓄積（頭）の中から"引き出してくる"話し方である。かつての（現在もかもしれないが）日本人の多くは、英語の学習といえば「暗記・引き出し型」ばかりで、英語を「話す」際も、自分の頭の中の引き出しの中から暗記・暗誦した単語や文

章を探し、引っ張り出して話しているのではないだろうか。**「話す言葉」は教科書や単語帳の"丸暗記"なのである。これでは臨機応変な「対話（コミュニケーション）」は成り立たない。「引き出し」の中にない単語や文章は出てこないからである。**

それに対して「経験・創造型」とは、単語（語彙）や文章を覚える際も、対象と自分との関係（経験・体験）を意識しながら意味等を理解する。単語帳のみで暗記・暗誦する方法とは異なる。絵本や図鑑、あるいはパソコンやスマホなどで実物のコピーなどを見ながら単語を覚えたり、身体を動かしながら単語や文章の意味を理解することもあるから、まさに単語や文章が「身体全体」に蓄積されるとも言えよう。「経験・創造型」とは経験の中で単語や文章を創り出すということも意味する。つまり少ない単語でも自分なりの文章を創るということである。「コミュニケーション」とは、そのような言葉で話される人間同士のぶつかり合いではないだろうか。

まったく聞いたことのない言語（言葉）を話す人（例えば"文明人"が"未開人"など）と会った時、コミュニケーション、対話を成り立たたせるためには、双方がそれぞれの「経験・創造型」で創りだされたそれぞれの言葉を、想像力を働かせて理解しようとしなければならない。それが「異文化コミュニケーション」の出発点でもあろう。コミュニケーションの7、8割は顔の表情、身振り、手振り、姿勢などの身体的ゼスチュア、すなわち非言語的手段（道具）の使用による非言語的コミュニケーションだとも言われる。非言語的コミュニケーションを成立させるためには、個人的（私的）経験などを足場にして想像力を働かすしかない。「非言語的（ノンバーバル）コミュニケー

ション」についてここでは触れないが、実際の会話（コミュニケーション）で果たす役割は大きい。「経験・創造型」の英語を学校の授業の中でどのように子どもに身に付けさせるかについては、第Ⅱ章の「小学校英語教育」や第Ⅲ章の「プレイ型英語教育方法」で述べる。

〈「ノンバーバルコミュニケーション」に関する本は最近もいろいろ出ているが、初期の研究書（翻訳書）としては、W. フォン・ラフラー・エンゲル編著、本名信行他編訳『ノン・バーバルコミュニケーション』（大修館書店、1981 年）やウォレン・ラム／エリザベス・ウォトソン共著、小津次郎他訳『ボディ・コード（からだの表情）』（紀伊国屋書店、1981 年）などがある。〉

英語も日本語も同じ「言葉」

さてそれでは、英語教育で「コミュニケーションを重視する」とはどういうことをすることだろうか。日本人は長い間、日本語（母語）を「話すこと・聞くこと」と、英語（外国語）を「話すこと・聞くこと」とは別物、と考えてきたのでないだろうか。歴史的にみれば、明治の開国以来、外国人は大学などでの“お雇い外国人教師”として迎えられ、日本人はその外国人の外国語を内容（メッセージ・教育内容）を含めて、そのまま正確に覚え理解することが求められた。外国人から直接外国語で教えられ学ぶのを「正則」と言い、日本人教師が外国語を教えるのを「変則」ということもあった。第二次世界大戦後は先に述べた通り、占領軍の英語が日本中を闊歩した。日本人はただひれ伏して拝聴するしかなかった。つまり、日本人にとって英語と

はコミュニケーションの道具ではなく、ただひたすら真似し、記憶し、内容を覚える学習対象でしかなかったのである。

英語は教え学ばれる対象物であり、コミュニケーションの道具という意識は低かった。だから英語は日本語と同じ「言葉」としてはあまり意識されなかった。英語は暗記するべき対象物（語彙や文法など）か、文学作品として読み、理解すべき対象物だった。それが“教養重視”の英語教育だったのである。英語が日本語などと同じ言語（言葉）として意識されないということは、英語を「話すこと」は、日本語を話すのとは違う特別なことと考えられることである。日本語なら「話す」とき、言い間違えることもあれば言い淀むこともある。言い間違えたら言い直せばいいし、言い淀んでも何ら恥ずかしいことではない。それがふつうの「話すこと」であり、コミュニケーションの中で起こることである。

ところが、英語を話すときは言い間違えや言い淀みをしてはならない、と多くの日本人は考えがちである。それは学校の英語の授業で、英語の言い間違いや言い淀みが教師からの叱責の対象になり、生徒からの笑いの対象となるからだろう。英語という言葉は、言い間違いや言い淀みがなく、速いスピードで発声されなければならないのである。いわゆる“ペラペラ英語”である。これも、日本人の多くの生徒にとって英語が“苦痛”になる原因の一つではないだろうか。それは人間が考えながら「話すこと」とは違う行為である。**日常生活において日本語を話すのと同じように英語を話してはならないのである。これでは英語の「話す能力」、「コミュニケーション能力」は育たない。「コミュニケーションを重視する英語教育」とは、このような**

日本人（教師も生徒も）の英語に対する対し方、態度（attitude）、行為を根本的に変えることでなければならない。英語の「話すこと」を、「暗記・引き出し型発話」から「経験・創造型発話」に変えていかなければならない。

　英語を話すためにさらに大切なことは、英語を話すとき、まず I think (that) と言ってしまうことである。「話す」というのは自分の考え（意見、思想）や感情などを相手に伝えることだから、まず I think (that) である。そのうえで I likc you. や、I don't like you. などを言えば良い。つまり、I think (that) I like you. や I think (that) I don't like you. などとなる。I think (that) のあとで this rose is beautiful. や、this rose isn't beautiful. などと言うこともあるだろう。もちろん、そのうち I think (that) を省いても話し手の意図が伝達できることがわかるだろう。私の感情や気持ちを強く表現したければ、I feel (that) と言ってもよい。例えば、I feel (that) this rose is beautiful. や I don't feel (that) this rose is beautiful. などとなる。ただし普通はわざわざ I feel (that) と言う必要はないだろう。しかし、みんなが This rose is beautiful. と言っているのに、自分はそう思わない場合には、This rose isn't beautiful. と言うよりは I don't feel (that) this rose is beautiful. と言う方が、自分の感情をはっきりと伝えられるだろう。

　外国人は話をする時、相手（私）本人の考えや感情などを聞きたがっていることが多い。日本人は往々にして自分の考えや感情を言いたがらない。同調圧力に負けて、周囲の顔色をうかがったり、ソンタクすることが多いからでもあるだろう。だから I think (that) となかなか言えない。それでは対話（コミュニ

ケーション）にならないのである。"Yes man" と言われる所以である。

　小田実氏は『日本の知識人』（筑摩書房、1969 年。講談社文庫、1980 年）という本の中で、次のような英語の例をあげている。「ここではすき焼きを食える」と言う場合、日本人は It is possible that we should eat Sukiyaki here. などと言う。これはまさに学校の英語の教科書の文法（英作文）の練習問題通りで、ほとんどの英語の話者は日常会話で使わない。英語の先生が使うくらいだろう。小田はこんな時は、We (You) can eat Sukiyaki. で十分だと言う。同様に小田は、「パーティーを開く」と言う場合、We will have a party. と言えば十分で、わざわざ教科書にあるような、There will be a party for us. などと言う必要はない、という。

　このような例はあげればきりがない。（小田実、講談社文庫前掲書、228 〜 230 ページ）要するに、同じ意味を伝えたい英語は一つだけではないのである。翻訳（通訳）もいろいろあるし、映画の日本語字幕（翻訳）もいろいろである。そこで正解を一つに決めるなどはまさにノンセンスである。もちろん、前後の文脈（コンテクスト）から考えて最適な翻訳を探すということはあるが、普通の（"95％"の）日本人の英語は最適解にこだわる必要はない。その必要があるのは平泉渉氏のいう"5％"の"英語技能士"くらいだろう。

「話す能力」に正解はない

　このような英語の"話すこと（コミュニケーション）"が求められる中で、英語の「話すこと」を一回の大学入試共通試験（テスト）などで評定する（順位付けする）ことは不可能だし、

意味のないことである。(「共通テスト」の英語民間業者テストは2回受けられるようだが、それではお金がかかる。"傾向と対策"にもお金がかかる。)しかしながら、「話すこと」を共通テストで評定可能にし、意味のあるように思わせる方法がある。それは、あらかじめ正解を一つに決めることである。「正解を一つに決める」のはやはり"学校英語"である。それを"受験英語"と言うこともある。

　日本の学校の授業は教科書を中心に行われるから、英語の教科書に則した音声教材から流される発音を忠実に真似させられ、教科書にある内容、文法を正解として教えられる。つまり、英語の全ての「唯一の正解」は教科書と教師の中にある。生徒(学習者)は、発音や文法(英作文つまり「話すこと」)の「唯一の正解」を英語の授業で与えられる。それが授業内評価でも試験の評定でも「正解」とされるから、生徒の学習は「暗記・引き出し型」になるし、日常会話でも「正解」を探しながら「話す」ことになる。

　学校の英語授業で小田実氏が指摘するような「経験・創造型」の学習をする機会はほとんどない。これでは真の「コミュニケーション能力」は育たない。**共通テストに「話す(スピーキング)」を入れるなどというのは、入試を"脅し"の道具にして、実際のコミュニケーションではあまり使われない型どおりの英文を暗記させようとするだけのことである。そんなことよりは、学校の授業の中ですべての子どもに「真のコミュニケーション能力」を育てることが肝要である。**

　下村博文氏や萩生田光一氏がどれだけ英語の「コミュニケーション能力」があるかは分からないが、政治家は外遊などをし

たり、外国人を迎えたりするとき、英語を間違えなく、淀まずに、速いスピードで話したいと思うのだろう。それができなくて"恥をかいた"と思う政治家が、「話せない」日本の英語教育を批判し、「コミュニケーション重視」を唱え、大学入試に「話すこと」を加えろなどと言うのだろう。

　しかし、日本人が英語を「コミュニケーション」の場面で、「間違いなく、淀まずに、速いスピードで」話すことはほとんど不可能である。平泉渉氏が言うような「徹底的に、訓練を受け、日常的に英語を話す」"5%"の日本人なら可能だろうが、多くの日本人の英語コミュニケーション能力は5%レベルを目指さなくて良いし、その必要もない。日本は現在、英語圏国家の植民地ではないし占領されているわけでもない。日本語は文明国の言語と対等の機能や内容を備えている。現代の世界文明に日本語だけでも十分対応できる。それは明治維新開国以来の日本人が、西洋文明に追いつくために西欧語・文明・科学技術・文化などを、日本語の中に旺盛に取り込んだことによる。そのような努力はこれからも必要だし、そのための英語教育は必要だろう。しかし繰り返しになるが、そのために英語を「間違いなく、淀まずに、速いスピードで」話す必要はまったくない。日本語と同じ気持ち、態度（attitude）で英語を使えれば良いのである。

　要するに、英語を話す外国人と英語を話すとき大切なことは、「自分の英語」で、「自分の考えや感情、思想など」を「たどたどしくてもゆっくりと話し」、相手の英語をじっくりと聞き、対話を重ねることである。それが「コミュニケーション重視の英語教育」である。

　例えば、日本語での「えーと、」「あのう、」「あのね、」「あー、

うー、」などは、英語では「well...,」「uh...,」「yes...,」「you know...,」などや、やや固い言い方では「let me see...,」「I might say...,」などがあるが、それを何度でも使えば良い。日本国内国外を問わず日常生活での英語コミュニケーションはもとより、国際会議等での英語コミュニケーションでも、このように「英語を話す」ことが大切なのであり、そのような構えなり態度なり覚悟（度胸）なりができていないと、普通の日本人が英語コミュニケーションをすることはできないだろう。

　余談になるが、私は2000年前後に2回、EUの一機関で仏独国境のアルサス地方のストラスブールにある「ヨーロッパ評議会」（Council of Europe）の国際会議に出席したことがある。日本の外務省所管の財団法人国際教育情報センター（International society for educational information. 略してISEI. 1958年〜2004年）から派遣された。ちなみにこの「ヨーロッパ評議会」は現在日本で英語の大学入学試験関係で注目されているCEFR（Common European Framework of Reference for Languagesの略で、「ヨーロッパ言語共通参照枠」などと訳される）を作成している。日本はオブザーバー参加国で、私が参加した時は「ヨーロッパ歴史教科書」の作成や教育方法が議論された。私は日本の歴史教科書や教育方法について、1日目の午前中3時間ほど話をさせられた。私の拙い英語で原稿なしで話したので聞く方も大変だったと思うが、何とか聞いていただけた。終わってからスペインからの参加者（教育行政官）が私に寄ってきて大変よくわかった、と言ってくれた。彼の英語も私と同程度のスペイン訛りの英語だった。その時の会議に一緒に参加した東京大学の老教授が、食事中の私との会話で、ある英語ができる若い東大教授の名前をあげて、

彼の話す英語では英米人に失礼だ、と言った。理由は例によって「発音」が悪い、だった。しかし、その老教授はストラスブールまで来て会議に参加しながら、どの外国人とも話をしなかった。会議中は私の隣でいびきをかいて寝ていた。日本史の大家だからそれで良かったのかもしれないが。彼は戦前からの"文法訳読法"、"教養重視"の英語教育を受けた優等生だったのだろう。

〈視点4〉 「聞くこと」は相手の「話すこと」を聞くこと。

「聞く」は「話す」より難しい

　ここで「聞くこと（リスニング）」について簡単に触れておこう。なぜ簡単にかというと、「聞くこと」と「話すこと」は本来一人の人間（人格）の中で裏と表の関係にあるべきだからである。つまり、〈視点3〉で述べた「話すこと」の態度・構え（attitude）が「聞くこと」でも維持されるべきである。自分が自分流に話すのだから、相手が相手流（自分流）に話すのを聞かなければならない。すなわち、相手が「つっかえながら、たどたどしく話す」のをじっくりと聞かなければならない。しかし日本人の中には、自分が英語を「つっかえながら、たどたどしく話す」のに、相手には英語を「すらすらと、上手に話す」のを期待する人もいる。そういう人は相手の話をよく聞かずに、自分の「話すこと」ばかりに熱中しがちである。竹内敏晴氏は、「「聞く」とは、話しかける人を、姿と声の全体で受取ることだ。これが、ふれ合う、交流する、コミュニケートする、ことだろう。

聞く、とは話されたことばの文章内容だけを抜き出して取り込むことではない。いわゆる情報の伝達とはまったく違う出来事なのだ」と言っている（竹内敏晴著『竹内敏晴の「からだと思想」4』337ページ、藤原書店、2014年）。

「聞くこと」は「話すこと」より難しい。なぜなら、現実社会で話す相手は多数おり、10人の話し相手がいれば、10人が10人とも自分流の話し方をする。オーストラリア人の英語、インド人の英語、アフリカ人の英語、その他多種類の英語もあれば、それぞれに方言（dialect）も、個人語（idiolect）もある。発音の違いは百人百様と言ってもよい。英語を「聞く」とはそれら多種多様な英語を聞くことである。「学校英語」のCDやテープから流される唯一の英語を聞くことが「聞くこと」ではない。それでは「真のコミュニケーション能力」は育たない。

もはや多言を要さないと思うが、「コミュニケーション能力」を育てるための「聞くこと」のためには、「学校英語（教科書）」を「ミムメム―模倣し暗記する―」だけではだめなのである。日本人の大人（子どもでも）が日本語の話を聞くときは、日本語を最初の文章から自分の頭（脳）でリピート（繰り返し、ミムメム）しながら聞いていく場合が多いだろう。日本語の音声なり単語なり文章なりが分かっている限りはそれが可能である。しかし、英語の場合には、こちら（日本人）の英語が多種多様に豊富でないうえに、相手がどのような英語を話すか分からないことが多く、日本語のように聞くのはほとんど不可能である。多種多様な英語を話す外国人の中には、文法はもとより統辞法（syntax）も"ハチャメチャ"な場合があるから、聞き手が頭の中でリピートするなど到底できない。となるとやはり

単語の発音を頼りに聞き取ろう、内容を理解しようとするしかない。ところがその発音がまたいろいろだから聞き手は困る。結局、「I beg your pardon,」を繰り返すしかない。つまり日本語を聞き取る時のように、話し手の文章を最初からリピートして話し手の意味内容を理解するなどというのは、外国人との日常のコミュニケーションでは到底不可能なのである。

　しかし、話し手の単語の発音のクセなどが分かってくるにつれ、じょじょに意味内容も分かってくる。そしてじょじょにコミュニケーションが成立しだすのである。故に、「聞くこと（リスニング）」とは大変な作業（頭脳労働）であり、時間もかかるのである。しかし、コミュニケーションが個人と個人の「聞くこと」「話すこと」の交信によってしか成り立たない以上、話し手と聞き手の両者によってこのような辛抱強い作業が繰り返されなければならない。

　「コミュニケーション能力向上」のための「聞く」能力は共通テストでは無理

　このようなコミュニケーション能力は、共通テストの1回の「聞くこと（リスニング）」の試験で評定できるものではない。1人対1人の短いコミュニケーションでも、成立させるためには最低でも15分は必要だろう。これは「共通テスト」では無理である。日本人をアメリカのテレビやラジオの視聴者に育てる必要はない。"5％"の中から優秀な諜報員を育てることは必要かもしれないが。

　「聞くこと」を「共通テスト」に入れるのも"脅し"（オブラートに包んだ言い方をすれば"動機づけ"）のためでしかな

い。子どもの多くにとっては、"脅し"にはなっても、あまり"動機づけ"にはならない。子どもは「話すこと」「聞くこと」が面白ければ集中し、熱中する。やはり普段の英語の授業の中での「話すこと」「聞くこと」が大切なのである。

　阿部公彦氏は、「点数化（評定――宮原注）は、リスニングのテストであればある程度機械的にできるでしょう。それが厳密に能力を反映しているかどうかはともかく、不公平さは少ない」（阿部公彦著『史上最悪の英語政策』ひつじ書房、53〜54ページ）と言っている。「ある程度」と「少ない」に注目していただきたい。阿部氏はすぐ続けて、「しかし、スピーキングはどうでしょう。そもそも機械的な判定などできない。かつ、みながグレーゾーンに集中したとしたら、間違いなく試験官の主観によって有利不利が生ずる」と言っている。阿部氏は、「聞く（リスニング）テスト」はすでにセンター試験にも入っているので大目に見ているのかもしれないが、私は「リスニング」も「スピーキング」も似たり寄ったりだと思う。要は、「スピーキング」の場合も「正解」を決めてしまえば話は簡単だ。もちろんそれは、「厳密に能力（コミュニケーション能力――宮原注）を反映していない」だろう。事前に暗記した内容をスピーチしたり、予備校が作る"想定問答集"を暗記したり、"傾向と対策"はすぐ作られるだろう。阿部氏は前掲書で、民間英語業者テストとして代表的なTOEICやTOEFLの「共通テスト」への利用の問題点を隅々まで明らかにしている。

2　日本人はどんな英語を目指すべきか。
──「地球市民英語」を

（１）　世界の人々が使う英語とは。

「日本人英語」を目指そう

　さて、それでは、日本人はどのような英語を目指して学び、学校で教えるべきなのだろうか。もちろん、これまで１の〈視点３〉や〈視点４〉で述べたように、普段の日常生活で日本語を使う日本人の話す英語は「日本人英語」である。それを「ジャパリッシュ」や「シングリッシュ」や「イングリック」や「イングラント」などと言ってもよい。要するに普通の日本人が普通に努力して身につけられるのは「日本人英語」なのである。それは95％以上の日本人に可能である。特別な訓練を受けたり、長く外国にいて日常生活で英語を話したり聞いたりした日本人の中には、まさに日本語のかけらもないような英語を話し、聞ける人もいるだろう。それはたぶん日本人の中の５％ないし0.5％（約50万人）程度だろう。そのような日本人がそれ以上の数になる必要はない。私は95％以上の日本人が目指すべき英語とは、あえて名付ければ「地球市民英語」だと思う。（中津遼子氏は「最大公約数的英語」という言い方をしているが、たぶん私の「地球市民英語」と同じ意味だろう。）「地球市民英語」の中味の説明に入る前に、なぜこのような名前を付けるかについて説明しておこう。

　戦後日本は、広島、長崎に原爆を投下した戦勝国アメリカの

占領政策により、民主主義化、復興という名の資本主義化を推進し、先に述べたように英語（アメリカ語）の大量流入を受け入れた。アメリカの経済・文化援助の一環としてのフルブライト留学制度は、1949年からのガリオア・プログラムを引き継ぐ形で1952年から始められ、小田実氏や、片桐ユズル氏（ボブ・ディランなどの翻訳家で英語教育研究者）なども、50年代末にフルブライト奨学生としてアメリカに留学した。当時の日本人学生がアメリカに留学するなどは夢のまた夢だった。外国に行くなどというのもきわめて限られた日本人だけだった。

　しかし日本は1960年代にいわゆる高度経済成長期に入り、64年には東京オリンピック、70年には大阪万博を行い、外国及び外国人を近い存在に感じられるようになった。会社（企業）から外国（主に欧米）に仕事で行く日本人も大幅に増えた。日本人が直接外国人と英語で話す機会なり必要性が出てきたのである。そのような状況を反映して「平泉提言―平泉・渡部英語教育大論争」なども起こった。これについては第Ⅲ章で述べる。

イギリスでの私の体験

　私が初めて外国（イギリス）に行ったのは1982年だったが、その時は、イギリスのロンドンまで一番安い飛行機（キャセイ航空）のエコノミーで往復50万円以上かかった。しかも台湾、香港、バーレーン経由の乗り換えだから、ほぼ24時間近くかかった。まさに海外旅行は大旅行だったのである。私たちは少数の研究者仲間で自費でのイギリスの学校視察訪問だったが、この時の報告書が、稲垣忠彦編『子どものための学校』（東京大学出版会ＵＰ選書、1984年）である。現在のようにロンドン

東京往復 10 万円くらいで、片道 10 時間以内などは当時想像も
できないことだった。

　1982 年 5 月にロンドンに着くなり、稲垣忠彦先生は私たち
をハイドパーク（ロンドン中心部の公園）に連れて行ってくれ
た。ハイドパークの一角に「スピーカーズコーナー（speaker's
corner）」というところがあり、そこでは 20 ～ 30 人の人間が
思い思いの格好で立ち、ある者はリンゴ箱のような台に乗った
りしてマイクなしの大声で演説をしていた。演説というよりは
まさに話しかけ（スピーチ）だった。内容は、マルクス・レー
ニン主義を唱える者もいれば、毛沢東主義者、チェ・ゲバラ信
奉者、議会制民主主義者など様々だった。彼らは普通に立って
演説をしているので、私のような立ち身聴衆者とすぐに議論を
始める。話す方も聞く方も議論（ディベイト、コミュニケーショ
ン）を楽しんでいる感じだった。彼らの「英語」はまさに様々
で、私のような新参者には到底聞き取れなかった。私はここで
初めて "生の英語" に接したのである。稲垣先生はこの「スピー
カーズコーナー」がイギリス民主主義の原点だと話してくれた。
彼らの議論（対話）・コミュニケーションがどれほど成立して
いたかはともかく、議論が青空の公の場で対等に行われている
ことに私は感心した。

　ついでに言えば、82 年当時はちょうどサッチャー政権が
フォークランド戦争をしていた。戦場が遠いので街中は平穏と
いえば平穏だったが、街頭では戦争反対のデモ行進（パレード）
があり、広場には多数の市民が戦争反対をアピールするために
集結していた。たまに戦争推進を叫ぶ街宣車などもいたがほと
んど目立たなかった。立ち寄った教会では牧師が説教の中で戦

争反対を訴えていた。私は現に「イギリスのために」戦争をしているサッチャー政権に対し、イギリス市民がこれだけの反対の声を上げスピーチをしている光景に感激し、これぞ民主主義だと思った。「言論、表現、結社の自由」は民主主義の根幹なのである。フォークランド戦争は結局、市民・民衆の声によって早期に終結された。日本でもこのようなことができるのだろうか？ 「話すこと」「聞くこと」はまさに民主主義の原点であり、民主主義を創る行為なのである。

　海外旅行ブームと「地球市民英語」との出会い
　1980年代になると、海外旅行はブームになり多数の日本人が観光でも外国に行くようになった。飛行機料金も大幅に安くなり便数も増え所要時間も短くなった。となると多くの日本人が「英語」と接する機会も多くなった。スペインでもフランスでもイタリアでも英語を話す現地人が増えた。多くの日本人が「英語が出来なくちゃあ」という感じで、"英会話ブーム"も起こった。同時に、話せない「学校英語」への批判も起こった。1の〈視点3〉で触れた「帰国生徒の英語」のような問題も起こった。
　80年代から90年代に入り、日本人が欧米人だけでなく、中国、韓国、タイそのほかのアジア人とも交流する機会が大幅に増え、"国際化"は"グローバリズム"とも言われるようになった。"国際化"は日本国がドアを開けて（開国）外国と交流するイメージだが、グローバリズムはグローブ（globe、地球）から作られた言葉だから、地球上の全ての国民、市民（地球市民）が対等に交流するイメージがある。そのイメージとは別に、政治的、

経済的、文化的その他のさまざまな文脈で、"グローバリゼーション（グローバル化）""グローバルスタンダード""グローバル経済"などが言われるようになった。グローバリズムの波の中で、「学校英語」の中ではいよいよ「コミュニケーション重視」が叫ばれ始めたのである。

　私は1990年に初めてアメリカのニューヨーク、ワシントン、ボストンに行った。帰りの飛行機切符を急に変更することになり、ニューヨークの国連本部近くの旅行代理店で列に並んでいたら、私の前の中南米系と思われる女性が早口で店員に話していた。"ハチャメチャ英語"と言っていいのかどうかも分からないくらい私には聞き取り不能だった。黒人のアメリカ人女性店員も早口の英語で応対していたが、結局コミュニケーションが成り立たない。その時黒人女性店員は急に英語の話し方を変えた。我々日本人が「学校英語」として習うような英語を、ゆっくりとていねいに話し出したのである。結果、コミュニケーションは成立した。その後の私にも「学校英語のような英語」で話してくれたので、切符の変更、清算はうまくいった。

　最近のアメリカ映画に「行き止まりの世界に生まれて（原題は"Minding the Gap" 2018年）」というのがある。アメリカ北部の「錆びついた工業地帯」（ラストベルトとカタカナ表記されるが、これでは多くの日本人は「最後の地帯（地域）」などと思うだろう。英語ではrust beltなのだから、カタカナ表記はルストベルトの方が良いと私は思うが大勢に従う）で生活する、黒人と白人の若者たちと監督の母親の中国系アメリカ人のドキュメンタリー映画だが、映画では彼らが普段使っている英語（米語）がそのまま話されている。これは私には"ハチャメチャ英語"のよ

うでチンプンカンプンだが、聞いているうちに S+V や S+V+C や S+V+O など文法（シンタックス）が駆使されているのが分かる。もちろん断片、断片が続く英語だが、慣れれば言おうとしていることは分かるようになる。分かるためには話者の表情や動作を通して、感情などと併せて言葉を解読しなければならない。私は、日本の英語教育で日本人からみてこのような"ハチャメチャ"に聞こえる英語を教える必要はないと思う。それこそ現地で彼らと一緒に生活しなければ覚えられない英語だろう。

　ところで、私が「学校英語のような英語」と回りくどい言い方をしたのには理由がある。その「学校英語のような英語」とは、「学校英語」から多少"逸脱"してもよい"幅のある英語"であり、「学校英語」も「地球市民英語」の一つ（one of them）だということである。「地球市民英語」とは、地球上に住んで英語を話す世界中の市民と、「話すこと」「聞くこと」すなわちコミュニケーションができる英語のことである。グローバリズムと言われる現代では、世界中の市民が様々な活動や会議で交流している。スウェーデン人のグレタ・トゥンベリさんの環境保護活動もその一つだし、様々な国際協力活動など数え上げればきりがない。それぞれの市民活動、NPO、NGO（非政府組織）などでの議論、会議もあれば、国際連合（国連）その他の公的な国際会議もさまざまある。世界 194 の国連加盟国以上の国や地域の人間・市民が様々な活動、会議に参加するが、そこで大多数の人々が主に使う言語は英語である。英語が多く使われるというのは、もちろん大英帝国の植民地支配によるところが大きい。すでに 1620 年には、イギリスの清教徒がアメリカ大陸

へ避難・進出し（ピルグリム・ファーザーズ）、アメリカ大陸に英語を広めアメリカ英語（米語）を作り出した。18世紀にイギリスが世界に先駆けて産業革命を実現したことも大きいだろう。

　第二次世界大戦で米英がドイツ、イタリア、日本に勝利したことも大きい。敗戦後の日本に米英語が大量に流入したのは既述の通りである。しかしながら、私は英語が世界中の人々に使われるようになったのは、英語がドイツ語やフランス語などに比べて簡単（シンプル）だからだと思う。例えば、ドイツ語の名詞には男性、女性、中性、フランス語の名詞には男性、女性という性の区別があるが、英語の名詞にはそのような区別はない。英語は発音も語順（シンタックス）もシンプルである。シンプルに間に合わせることができる、と言った方が正確かもしれないが。その"シンプルさ"については次に説明するが、その英語を私は「地球市民英語」と呼ぶ。それでは「地球市民英語」とはどのようなものだろうか。以下、中身を説明しよう。

（2）「地球市民英語」とはどんな英語か。

　「地球市民英語」のポイントは二つである。一つは「発音」で、もう一つは「文法（主に統辞法・シンタックス）」である。まず「地球市民英語」の「発音」から取り上げる。

〈ポイント１〉　発音について──「abcはダテじゃない。」

言葉とはもともと音である。人間が口から発する音を音声と言う。人間は仲間の間で伝達（合図）・交信、対話、交流などをするために音声を発する。つまり言葉とは本来的にコミュニケーションの手段（道具）だったのである。もちろん、“叫ぶ”という音声もある。その音声に合わせて文字が作られた。しかし、音声（発音）はもともと個人個人によって違う（idiolect）。だから音声を表わす文字は音声の最大公約数的な近似値にならざるを得ない。音声を言葉の基層だとすれば、文字は言葉の第二層である。ついでに言えば、文字の発音を表そうとする発音記号は第三層とも言える。日本人の多くは学校で英語（言葉）を第三層から学んできたのではないだろうか。これは本末転倒な教え方、学び方である。

　日本人が外国語を文字から学び始めたのは、日本が開国して明治維新以来、欧米の思想、文化、科学技術、諸制度を主に書物（文字）を通して学び始めたことによる。“お雇い外国人”と英語、仏語、独語などで対等に対話できた日本人はほんの少数だったろう。その後学校での外国語の授業は教科書の文字を使ってのものだった。文字を読むために発音記号が重宝されたのである。

　第二次大戦後はテープレコーダーなどが使われ始め、音声が重視されるようになったが、それはあくまでも教科書の文字を読むための補助手段だった。ところが、人間は文字を介さなくても言葉を使えるようになる。そのようにして英語を覚えた人間は地球上にたくさんいる。現代の日本人はハングル文字を知らなくても「アンニョンハセムニカ」などと言っているし、タイの文字を知らなくても「コックンカー」などと言っている。

現代中国語の文字を知らなくても「ニーハオ」などと言っている。外国人の中にも、日本語の文字は全然読めなくても日本語を流ちょうに話す人がいる。

　話が少し横道にそれたが、英語の文字はアルファベットの26しかない。もともとはフェニキア文字、そしてローマ字（ラテン文字）から作られた英語の文字は、表音文字と言われるように abc という音で成り立っている。26文字（音）の組み合わせで単語ができている。表意文字と言われる漢字のように、文字が意味を表し、同じ文字がいろいろな発音をするということはない。abc は abc と読めばよいのである。

　ただし、それぞれの音の「断片」、「かけら」、「残滓（残りかす）」「痕跡」とでも言えるような、音の変異（variation）がそれぞれの音にある。ここでは「断片（かけら）」という言葉を使う。**例えば、〈a〉はカタカナで表せばエイだが、〈エイ〉という音の断片としては、〈エ〉や〈イ〉などがある。しかし〈ア〉はない。〈ア〉はローマ字読みであり現在の英語ではほとんど発音されない。**英語のアルファベットの発音は長い歴史的な変遷もあるので、現代日本語のあいうえお50音のようにスッキリとはいかない。しかし、発音の原則のようなものを探してみよう。abc 順に以下具体的にどのように発音するかをみてみよう。

<a> エイが基本。なるべく〈ア〉とは発音しない。断片としては〈エ〉がある。

　例えば、apple は〈エイプル〉ないし〈エプル〉の方が、〈アップル〉より英語の発音らしい。able は〈エイブル〉、about は〈エ

バウト〉と発音してみる。and も〈アンド〉よりは〈エンド〉の方が良い。afternoon は〈エフタヌーン〉、after は〈エフター〉である。again は「エゲイン」、already〈エルレディ〉などなど。communication も、〈コミュニケーション〉より〈コミュニケイション〉の方が英語の発音らしい。

<b> ビーが基本だが、断片として〈ビ〉〈ブ〉〈ベ〉〈ボ〉などがある。日本語のバビブベボと同じく、上下の唇を合わせて強く破裂させ喉元から音をしっかり出すのが良い。

例えば、book は〈ブック〉で良いが、続く <o> の音を意識して、やや〈ボック〉と言ってみるのも良いだろう。box は〈ボックス〉である。but は続く <u> を意識して、〈ブット〉の方が英語らしい。〈バット〉とは言わない。〈バット〉は bat だが、<a> を意識して〈ベット〉くらいの方が英語らしいだろう。become は続く <e> を意識して〈ビカ（コ）ム〉となる。

<c> シーは少し厄介だ。シーという音を出すというよりは、喉の奥でシーと言ってみる。シーというため息をつくような感じである。だから、〈c〉は〈クー〉〈コー〉という、音にならない音だと言うこともできる。それが基本音で、断片は〈セ〉と、音になるかならないかの〈カ〉〈ク〉〈コ〉などである。例えば、cell は〈セル〉だが、〈セ〉はあまり強く発音せず、<c> に続く <e> に引っ張られて、〈(セ) エル〉という感じになる。つまり、<c> はあるようなないような〈セ〉という音である。call では、同じく <a> に引っ張られて、喉奥から〈ケル〉と〈カル〉の間のような発音になる。つまり <c> の音はほとんど喉

の奥で消える感じである。同じく casino も、〈カジノ〉でなく、<a> があるから〈ケイシノ〉と、<c> の音はほとんど喉の奥で消える感じである。communication も、<o> に引っ張られて〈コ〉に近い感じになる。color は〈コラー〉、come は〈コム〉などと大胆に発音してみるのはどうだろうか。

<d> ディーであって、デェーでない。強く発音するのがよい。断片としては、〈ド〉や〈デュ〉などがあるが、〈ドォ〉よりは〈ドュ〉の方が良い。dog は〈ドッグ〉で、day は〈デイ〉である。dance は〈ディエンス〉となろうか。

<e> イーである。口を横に広げて〈イー〉と言えばよい。断片としては〈イ〉や「エ」がある。egg は〈イグ〉と〈エグ〉の中間あたりか。end は「イエンド」という感じか。

<f> エフだが、上の歯で下唇を軽くかむ感じでエフと空気を通してやればよい。口元に力を入れすぎないようにする。最初は下唇を噛むくらいが良いが、慣れてくれば噛むのを意識しなくなるだろう。断片としては、〈フ〉〈ファ〉がある。food は〈フッドュ〉、find は〈ファインドュ〉などとなる。

<g> ジーだが、<e> ほどではなく口を横に広げ、やや丸みを帯びて〈ジー〉と言えばよい。結果として〈ジェー〉という感じになる。断片としては、喉奥から発せられる〈グ〉や〈ゲ〉〈ゴ〉などがある。〈グ〉を〈ジー〉と同じ基本音にしてしまった方がいいかもしれない。そのくらい〈グ〉が多用される。そ

の場合〈グ〉の断片が〈ゲ〉や〈ゴ〉となる。

　giant は〈ジェイエント〉、good は〈グッドュ〉、god は〈ゴッドュ〉となる。get は〈ゲット〉である。

　<h> エイチだが、〈c〉と同様に厄介である。お腹で息を吸って、喉の奥から〈ハー〉と声を出すような感じで、わざわざ〈エイチ〉と音を出さなくて良い。極端に言えば、host は〈オスト〉、hot は〈オット〉、honest は〈オネスト〉、hear は〈（ヒ）イアー〉、him は〈（ア）イム〉、here は〈（ヒ）イア〉となる。

　<i> アイだが、断片の〈イ〉は日本語の平べったい〈イ〉ではなく、〈アイ〉の感じを残した丸みを帯びた〈イ〉が良い。常に〈アイ〉を意識した方が良い。例えば、hide は〈（ハ）アイドュ〉、kind は〈カインドュ〉で、into などは〈（ア）イントュ〉、interesting は〈（ア）インタリスティング〉という感じになる。

　<j> ジェイだが、断片の〈ジェ〉や〈ジュ〉、〈ジョ〉などが発音されることが多い。

　just は〈ジュスト〉、junior は〈ジュニア〉である。joke は〈ジョウク〉である。

　<k> ケイだが、これも喉の奥で〈ケ〉という感じであまりはっきりとは発音しない。断片の〈ケ〉も〈ク〉も、音があるようなないような感じだろうか。kind は「（ク）アインド」くらいにしても良い。knight はやはり〈（ク）ナイト〉という感じだが、night と区別するためにはあるようなないような〈ク〉の音を

意識して発音するのが良いだろう。

<l> 有名な？エルだが、今の日本の若者はほとんど気にせずに自然に発音している。外国人に「箸が使えますか？」と聞くようなものだろう。外国人から馬鹿にするなと怒られる。ただし、<l> と <r> の区別は矢張り重要である。**〈エル〉は口を軽く横に開いて、舌を上の歯の後に最初はかなり強く押し当てる感じでエルと言う。**これを何度か繰り返せば、強さを意識しなくても自然に〈エル〉となる。断片としては〈ル〉や〈レ〉などとなる。look は〈ルック〉、lake は〈レイク〉である。

<m> エムだが、**〈ム〉は鼻に抜けるように発音する。**断片としては〈ム〉である。
make は〈メイク〉meet は〈ミートュ〉など。

<n> エヌだが、**〈エン〉という感じで、〈ン〉は口を閉じて喉に音を戻す感じで発音する。**
noon は〈ヌーン〉、night は〈ナイトュ〉、not は〈ノット〉、name〈ネイム〉など。

<o> オウだが、**断片が多い。〈オ〉、〈オウ〉、〈ウ〉、〈ウー〉などがある。**
open は〈オウプン〉、old は〈オウルドュ〉、foot は〈フット〉など。

<p> ピーだが、**上下の唇を合わせて <b> と同様に強く破裂**

させる。パピプペポの要領である。断片は〈パ〉〈ピ〉〈プ〉〈ペ〉など。put は〈プット〉、paper は〈ペイパー〉、pupil は〈ピュウピィル〉など。

<q> キューだが、断片としては、〈キュ〉〈ク〉など。
question は〈キュエスション〉、queen は〈クイーン〉、quick は〈クイック〉など。

<r> <l> と同じく有名な**アール**だが、**口を緩めて舌を喉の奥に巻きつけるような感じで、〈ル〉と言えばよい。**これも今の若者には自然に発音できるだろう。断片は〈ル〉だろう。room は〈ルーム〉、ride は〈ルアイドュ〉など。

<s> エスだが、断片は〈ス〉や〈シ〉だが、**日本語の〈ス〉よりは丸みを帯びた〈スィ〉という感じがよい。**口元をややゆるめて〈ス〉と言うのが良い。
soon は〈スウン〉、son は〈スォン〉、sun は〈スゥン〉など。

<t> ティーだが、**<d>** が〈デェー〉でないのと同様に、〈テェー〉ではない。**断片は〈トュ〉だろう。強めに発音した方がよい。**today は〈トュデイ〉、table は〈テュエイブル〉などで、特に **the** は〈ザ〉というよりは、<t> を意識して〈ダ〉くらいが良い。同じく、<this> は〈ディス〉、<that> は〈ダット〉くらいの方がよい。発音でよく引き合いに出される think と sink の違いは、極端に言えば〈ティンク〉と〈シンク〉の違い位に考えれば良い。もちろん <the> は <t> と <h> の結合だから、

軽く舌を咬み喉から声を出す〈ティ〉くらいがよいのだろう。<d> はないのだから、〈ダ〉ではない。〈ティ〉と〈ダ〉の間くらいの音になる。

　<u> ユーだが、**断片は〈ユ〉とか〈ウ〉**など。under は〈アンダー〉より〈ウンダー〉くらいの方が良い。

　<v> ブイだが、**本当は〈ウ〉に〝゛を付ける〈ヴ〉にしたい。**上の歯で下唇を強く嚙む感じで、〈ヴイ〉と発音する。<b> の単純な〈ブ〉とは違う。断片は、〈ヴ〉あたりだろう。 virus は〈ウイルス〉ではなく〈ヴァイルス〉となる。voice は〈ヴォイス〉、vaccine は〈ヴェクシン〉など。

　<w> ダブリュウだが、**この〈ブ〉も〈ウ〉に〝゛を付ける〈ヴ〉にしたい。**<w> は <u> が二つで <w> だから〈ダブルユー〉である。断片は、〈ウ〉である。 work は〈ウア（ル）ク〉、wood は〈ウッド〉など。

　<x> エックスだが、**断片は〈クス〉とか〈ス〉〈シ〉である。**Xmas は極端に〈エックスマス〉と発音してもよい。

　<y> ワイだが、**断片は〈イ〉**など。
year は〈イア（ル）〉、yellow は〈イエロウ〉など。

　<z> ゼットだが、**断片は〈ゼ〉〈ズ〉〈ゼィー〉〈ゾ〉**など。
zoo は〈ズー〉、zone は〈ゾウン〉など。

以上、英語のア（エ）ルファベット 26 文字の発音について簡単に説明した。

　アルファベット 26 文字の発音をこのように行う意義は次の二点である。第一は、発音が英語らしくなる。すなわち、"ローマ字読み" や "カタカナ英語（日本語）" でなくなる。**第二は、英語の単語（文字）を自力で読めるようになる。**すなわち、いちいち辞書を引いて発音記号を見なくてよい。発音記号を読むためには、発音記号の発音の仕方を覚えていなければならない。つまり学習者に二重の負担がかかる。発音記号は、辞書を引く時に参考程度に参照すればよい。現在では、辞書でも音声付きがあるし、テープ、CD はもとより、PC でもスマホでも英語の音声（発音）が簡単に聞ける（これらを以下「音声教材」と言う。教育学ではハード（機械類）の部分を「教具」、ソフト（音声、画像などの内容）の部分を「教材」という）。また、「自力で」ということは、まったく新しい単語が出てきても英語らしく読める（発音できる）ということである。特に人名などは一般の辞書に載っていないし、出自（親や先祖他）などによってスペルも複雑だから発音はア（エ）ルファベットを頼りにするしかない（もともとの音をアルファベット表記にしたのである）。

　ところで、このような発音の教授・学習方法に問題がないわけではない。綴りと発音のかい離（大きな違い）という問題である。その乖離を意識するあまり、日本人は英語の発音と abc とは別物と考えている人が多いのではないだろうか。そこで、上のように「abc の発音はダテじゃない」ということを説明したのである。

　ところが、それで全部の英単語を発音できるかというと、そ

うでもない単語は多い。そこで、アメリカではフォニックス（phonics）という英語の読み方（発音法）が開発された。英語のフォニックスは、アルファベットの組み合わせ、すなわち単語の綴りの発音に規則性を見出そうとした。例えば、<ck> <ch> <c> <k> などは / ク / と発音するとか、<oo> <ee> <tt> などの重なりは長く伸ばすとか、いろいろなルール（規則性）を提示した。<th> <ea> <er> <ou> <or> <ua> などの読み方もあるが、ルールが煩雑でかえって学習者の負担を増やすことになる。発音記号を覚えるのと同じような負担となる。やはり学習者に二重の負担がかかる。しかも規則の例外も多い。フォニックスはもともと 19 世紀のアメリカで、英語の単語（綴り字）の読み方をアメリカの幼児や初学者にどう教えるかということから始まった方法である。つまり、口頭発音よりは文字の読み方のための方法だった。漢字の読み方を教えるようなものである。

　英語を読む場合も、やはり「abc はダテじゃない」という原則（基本）に沿って教えるのがよいと私は考える。例えば、breakfast を読むとき、まず〈ブレエクフェスト〉と読んでみる。それを繰り返して発音しているうちに英語らしくなるだろう。途中で音声教材を聞かせてもよい。今の子どもにはそれくらいのゆとりある教授・学習を経験させたいものである。素早い子どもだけが反応できるフラッシュカードはやめた方がいい。

　大切なことは、発音には数学のような正解はないということである。発音記号でさえ一つの単語に複数付けられることもある。言葉は人々に使われることによって変遷するし、発音は個人個人によって大きく、あるいは微妙に違う。かつてはイギリスで英語の標準発音を決めようとしたこともあったが、それは

言葉の使用の抑圧にもなるし、現代のようなグローバル化の時代には英語もまさに多様な発音が使用される。

　英語では often のようなふつうは <t> を発音しないが、オックスブリッジ（オクスフォード大やケンブリッジ大）の出身者は <t> を発音するなどとも言われてきた。しかし、それ以外のイギリス人でも <t> を発音する人はいる。やはり <t> は〈テュ〉なのである。音に出さなくても綴りにある以上言った気になればよい。enough や high, daughter などもある。highlight などの <gh> などは現在ではほとんど発音されない。言った気になっている人もほとんどいないだろう。そのような発音は消えて行くし、文字 <gh> 自身も消えて行く。今や hilite で済ませる方が多いだろう。programme が program になるのも一例だろう。

　結論的に言えば、英語の発音は、お腹で息を吸って、喉、舌、歯、上下の唇、鼻（鼻腔）などを多様に駆使して音を発する（発音する）のであり、日本語のように主に口の開閉や形で発声するのではない。英語の <h> や <k> <g> <x> などは、喉の奥（軟口蓋）や鼻から〈ハー〉や〈ク〉という、声にならないため息を出す感じの発音である。1970 年代に中津遼子氏が、子どもをマット上で前転させ、前転が終わったところで〈ハー〉と喉奥から音を出させる練習をさせて話題になった。中津氏はそうしないと日本人の発音が英語らしくならないと考えた。しかし現在では、1 で述べたように日本人（特に若者）の日本語の発音が英語的になっているので、中津氏のマット訓練の必要はないだろう。

　これまで、英語の発音をアイウエオのカタカナで表記してきたが、カタカナで英語の発音を正確に表記できないのは言うま

でもない。繰り返し述べたように、発音記号も近似音に過ぎない。やはり英語の発音は abc が基本なのである。多くの日本人はイヌの泣き声を「ワン」と聞き表記するが、外国人は別の表記をするだろう。日本人はネコの泣き声は「ニャン」とか「ニャー」とか表記する。日本人にはそのように聞こえるとも言えるし、「ワン」と言葉で教えられるから「ワン」と聞こえるのかもしれない。サピア・ウォーフ仮説として有名な、虹が何色に見えるかと同じで、「7つの色言葉」があるから「7色」に見えるのかもしれないし、視覚が「7色」をキャッチするから「7つの色言葉」ができたのかもしれない。「3つの色言葉」だから「3色」に見えるのか、視覚で「3色」をキャッチするから「3色の色言葉」なのかは、ニワトリと卵のような関係なのかもしれない。しかし、「色言葉の数」によって虹の見え方が変わってくることは確かにあるだろう。

　同様に英語の発音も、それぞれの人間の母語の音韻体系によってキャッチされている可能性が高い。日本人は日本人の耳が慣れた音韻体系で英語の発音を聞くだろうし、中国人は中国語の音韻体系で英語の発音を聞くだろう。ゆえに地球上のいろいろな人々の英語の発音を「聞くこと」は難しいのである。

　日本人が英語の発音をカタカナで表記したために、多くの英語の発音は日本語の発音となった。例えば、「アフター」「コミュニケーション」などで多用される「ー」（棒引きカナ）を、日本人は長く延ばし過ぎるのではないだろうか。長く延ばして表現することはあっても良いが、一般に長く延ばせば間延びする。after は〈エフタ（ル）〉と発音したいところだが、日本語（カタカナ）表記として一般に定着している〈アフター〉が、見た

目もスワリも良いのだろう。「コミュニケーション」なども「コミュニケイション」よりも定着しているということだろう。どちらの表記を使うにせよ、これらは英語というより日本語というべきだろう。

〈ポイント2〉　文法について——シンプルに S+V と S+V+O
　　　　　　　と S+V+C

　文法とは何かという議論は、英語を学習する際には必要ないだろう。要するに英語を英語、日本語を日本語にしているのが文法なのである。英語を英語にする基本的な要素の一つが上で見た発音である。英語を英語にするもう一つの基本的な要素が文法である。

　英語の最も重要な文法とは語順（統辞法・シンタックス）である。**英語の語順を最もシンプルに言えば、S（主語）+V（動詞）である。それに S+V+O（目的語）を加えてもよい。さらには、S+V+C（補語）. S+V+O+O. S+V+O+C などを加えて5文型などと言われるが、まずは最初の2文型、それに S+V+C を加えて3文型が基本である**。つまり、I eat. とか I like. が S+V. である。I とは「私（自分）、俺、僕」だから、「自分のことを言うとき使う」のが I である。自分の名前が Taro や Hanako なら、I でなく Taro や Hanako を使うこともある。「あなたのことを言うとき」は You を使う。You eat. You like. などとなる。文の種類としては、平叙文（説明文）、否定文、疑問文、感嘆文などがある。

　ところで、I eat. とくれば次には何を食べるのか、というこ

とになる。そこで、I eat fish. とか I eat cake. とかが自然に出て
くる。それが S+V+O. である。I like you. でも、I like baseball.
でも何でも言える。「私が少年であること」つまり、I = a boy
であることは I am a boy. と言うが、am は be 動詞という特別
な V だから文型としては SVC. となる。be 動詞は am, are, is に
be だけであり（現在時制）、主語とイクォール（＝）の関係や
主語の状態を表すときに使われると考えてよいだろう。「地球
市民英語」としては、I a boy. でも、You a girl. でも通用するだ
ろうが。

　さて、英語を知っている人には当たり前の話をしてきたが、
英語をこのようにシンプルに捉える考え方は、イギリスのオ
グデン（C. K. Ogden）とリチャーズ（I. A. Ricards）によって
作られた Basic English の考え方に通じるかもしれない。Basic
English（ベイシックイングリッシュ）とは、1930 年代に心理
学者で思想家のオグデンと文芸批評家で思想家のリチャーズが
（主にはオグデン）、850 語の英単語で基本的な英語表現ができ
るとして考案したシンプルな英語である。文法は 5 文型ほどで
間に合わせ、他に英語の規則性を指摘し応用したシンプルな英
語である。日本では先述の片桐ユズル氏が著書『英語・まち
がいのすすめ』（季節社、1976 年）の中で、Basic English を駆
使して英語を教えている。学習の参考にされたい。片桐氏らは
GDM（Graded Direct Method. 段階的直接教授法）研究会を組織し
て Basic English の普及に努めてきた。他にも教師達による民
間の英語教育研究団体の新英語研究会（略称、新英研）は、戦
後の "オーラルメソッド" の授業実践を継続発展させてきてい
る。

Basic English は英語を世界に広めるために考案された面があるので、"英語帝国主義"の一端と見られることもある。確かに 1930 年代のイギリスの植民地で普及し、日本でも第二次世界大戦後 VOA などの放送に取り入れられ、英語流行の一翼を担ったと言える。いずれにせよ、ヨーロッパの思想・哲学書などの難解な英語を渉猟した二人の碩学が、英語はこんなにも単純（シンプル）だということを示した意義は大きい。しかし、Basic English はシンプルとはいえ、いろいろな規則性を覚えるとなると学習者に二重の負担がかかる。850 語ですべてを済ませようとすると、単語を覚えるよりも前置詞を使うイディオム（idiom、熟語）などを覚えなければならない。それよりは "習うより慣れろ" で、いろいろな英語を学習するうちに、学習者自身が英語の規則性を発見する方がよいのではないだろうか。

　話を戻すと、S+V. S+V+O. S+V+C. を駆使するということは、関係詞（関係代名詞、関係副詞）なども扱いやすくなる。関係詞とは、S+V+O（C）という文と別の S+V+O（C）という文を繋いで、新しい一つの文章を作る働きをする単語である。

　余談だが、私は 1978 年に東大教育学部学校教育学科の助手になったが、その時、附属中学校で英語の教育実習を行った学生たちが、私に対して授業をやってみせろと言い出した。しかも中学 2 年生に対して、関係代名詞を日本語を使わずに教えてみろ、と難題を突き付けてきた。私は受けた。そこで考えついたのがセロテープを使うことだった。黒板に、I like a tomato. と A tomato is red. と書き、二つの文の a tomato の部分を重ねてセロテープで貼った。二つの文をセロテープでくっつけた（繋いだ）と言ってもよいだろう。そして、次にセロテープの部分

に that および which の単語を書いた。すると、I like a tomato
that(which) is red. の文が出来上がるというわけだ。なんだかイ
カサママジックのような気もするが、生徒は納得してくれた
し、実習生たちもナルホドと言ってくれた。もし日本語を使っ
て教えるなら、「私はトマトが好きです。そしてそのトマトは
ね、赤色です」というような時に使うんだよ、と教えるだろう。
つまり、関係詞とは前の文で使った単語をさらに説明するとき
に使う、とまずは単純に教える。そうすると、かなりの数の
文を繋ぐことができる。例えば、多少文法に反するが、I like
a tomato that is red that is my favorite color that (I think) you like
too. などでも意味は通じるだろう。まさにこれぞ「地球市民英
語」かもしれない。

　さて、他に文法のポイントをあげるなら、時制（現在、過去、
未来、現在進行形、現在完了など）だろう。このうち、現在完
了は年齢的に 12、3 歳くらいになってからがよいだろう。つま
り中学 2 年生くらいの時に教える。

　そもそも、時制（時間）の観念は、私の経験では小学生高学
年か中学生くらいになってからでないとできないように思われ
る（仮説）。もちろん、日本の子どもは 3 歳くらいには「行った」
とか「行くでしょう」とか言うが、それが時制だという意識は
ないだろう。だから、「行きます」で未来時制も表す。「行きま
した」は周りに言われて直しているだけである。現在完了とい
う概念は通常の日本語では表せない。だから英語の時制は中学
1 年生になってから教えるのが良い。

　人称代名詞の You, He, She, They, などは簡単に学ばれるだろ
う。三人称単数に続く動詞（現在時制）に s を付けることなど

は、覚えても実際の「地球市民英語」では忘れられることが多い。それでも意味は通じる。

　日本人は英語の文法というと、「態の変換」を思い浮かべる人が多いだろう。能動態と受動態の変換である。学校で数学の公式を覚えるように教えられる。英語のアルゴリズムと言う人もいる。しかしアメリカ人などは、日本人は受動態を使いすぎるとも言う。確かに問題は、受動態というものをどう考えるかにある。受動態と能動態は必ずしも同じ意味ではない。例えば、He asked me. と I was asked by him. では、前者は彼がまさに能動的に私に質問してきた感じがあるが、後者では私が質問を受けた（状態)にあったというまさに受け身の感じがある。つまり、受動態とは be 動詞によって、主語がどのような状態にいる（ある）かを意味している。と考えると、be 動詞の後に過去分詞がくるのも納得できるのではないだろうか。過去分詞は形容詞的な意味を持つ。だから語順としては、She is beautiful. と同じである。同じく現在進行形は be 動詞＋現在分詞で、例えばI am walking. の walking は現在分詞で、私の現在の状態を表している。だから語順は She is beautiful. と同じである。

　あとは、in, on, upon, under, to, into, at, about, of, by, with, within, without などの前置詞の働きを理解するのが重要だろう。また、英語の特別な動詞の単語、例えば、let や make や have などはいろいろな働きをしていろいろな意味を作る。Basic English では 16 の動詞で十分だとされるように、英語では同じ動詞がいろいろな意味を持っている。例えば、I make cake. もあれば I make him a teacher. もある。put や let そして be 動詞などの動詞が様々な前置詞と結びつくといろいろな意味になる。前置詞

そのものに意味があるともいえる。英語のすべての品詞すなわちすべての単語は、元々の意味（原義）から派生して多様な意味を持っている。すなわち英語の使用者は原義を意識しながら単語を多様に使っている（話したり書いたりしている）。だから、**英語を聞いたり、読んだりする人も、単語の原義についてのイメージ力（推測力や想像力など）を働かせながら文脈の中での多様な意味をつかまなければならない。**

　英語の文法は、人称、語順（統辞法）、時制、関係詞、前置詞、to 不定詞、話法、仮定法などに気を付ければ、あとは単語の問題なのではないだろうか。熟語（イディオム）なども単語の意味から派生しているものが多い。だから単語は重要である。「単語帳」などで英単語と日本語との一対一対応を丸暗記するより、「英語の辞書を読む」ことが大切だろう。要するに、「暗記するより使ってみる、作ってみる」、「習うより慣れろ」が大切だろう。

　さて、少し長々と書いてきたが、要するに英語で「話すこと」とは、たどたどしくても自分流の英語で、自分が本当に言いたいことを相手に伝えようとすることである。上に述べた発音と文法のポイントを押さえればかなりのことを話せるだろう。中学校３年間の英語で十分、と言われる所以でもある

〈ポイント３〉　「英語は度胸」は本当か？

　最後に指摘しておきたいポイントは、日本語を話すときは大きな声で話すのに、英語を話すときは急にぼそぼそと小さな声

になるという現象である。これは「発話者本人」の問題と、「発話者の周囲の人間（特に教師や親、友達）」の問題がある。阿部公彦氏のいう"重し"の一つである。

　まず「発話者本人」の問題だが、（１）英語を話すのは、毎日話す親や友達との日本語での日常会話とはかけ離れていると感じ考える人。（２）英語を話す日本人は「軽薄そうだ」「アメリカかぶれだ」などと感じ考える人。（３）自分は英語の発音が悪い、下手だ、と感じ考える人。以上の３つは日本人が英語を大きな声で話すのを躊躇したり、小さな声で話そうとする主な理由（心理的動機）だろう。もちろん、日本語が分かる日本人に対してわざわざ英語を話したくないというのもあるだろう。しかし、現在では状況はだいぶ変わってきた。

　（１）については、今や日本全国津々浦々で毎日テレビが見られ、子ども（乳幼児も）はテレビにへばりついてそこから流れる日本語、そして時々入る英語に慣らされている。今はさらにPC、スマホの音声映像と常に接することができる。つまり、1970年代前半頃までのような日本の"田舎"の家庭状況とは大きく様変わりしたのである。特に、父親、母親の世代のほとんどが中学、高校、あるいは短大、大学などで英語を習得するようになった。つまり家庭で英語を話しても抵抗が少なくなったのである。

　（２）については、前にも書いたが、戦後はアメリカに負けたこともあり、英語を話すのは「アメリカかぶれ」、あるいは「アメリカ人にお追従し、日本人の魂をなくす」などと考える日本人も少なからずいたが、善し悪しは別にして、今はほとんどいない。むしろ、「日本人の魂（大和魂）や品格」などを言う日

本人（知識層に多い）が英語を多用している。

　（3）については、まさに日本の学校での「英語教育」が作ってきた偏見であり、"刷り込み"である。ゆえにこれは、日本の学校での「英語教育」によって是正されなければならない。

　次に「発話者の周囲の人間」の問題である。発話者が子ども・生徒の場合、周囲にいる人間とは保護者（親）や教師や友達である。保護者はすでに学校で英語教育を受けている。その英語教育が間違っていたのだから、子どもに教える英語も間違いである。保護者の多くは教科書に書かれてあることを「ぼそぼそと小さな声で話す」英語を学習させられた。これを変えない限り保護者は子どもに英語を教えない方がよい。必ずしも常に大声を出す必要はないが。

　教師も同様で、30年以上前に多くの保護者に教えた通りの英語教育をするなら、これからの英語教師として失格である。つまり、今までは英語教師自身が、子どもに教科書に書かれてあることを「ぼそぼそと小さな声で話す」ように仕向けてきたのである。なぜならば、子どもは教師から「発音が悪い」と言われたくない、周囲の子どもも教師の真似をして「発音が悪い」と言ってからかったり冷やかしたり笑ったりする。文法的な間違いをすぐ指摘される。このようなことがあるので子どもはついつい英語を「ぼそぼそと小さな声で話す」ようになる。子どもは「英語を話す」などはやりたいとも思わなくなる。

　友達については上に述べた通り、英語教師の真似をして他の子どもに対するのだが、さらに子どもによっては、「英語が嫌い」「英語を話す日本人（子ども）が嫌い」という子どももいる。このような子どもは「帰国生徒の英語」に対する"いじめ"の

ように、帰国生徒ではない子どもに対しても、"冷やかし"などの"いじめ"をすることがある。このようなこともあるので、子どもはなるべく「ぼそぼそと小さな声で」英語を"英語らしくなく"話すように仕向けられてしまっている。小さい時から海外に行き学校で英語を学習した子どもは、そのような体験はあまりしていないようだ。だから自由にのびのびと英語を話せるようになる。

　結論として言えば、英語を話すときは、恥ずかしがらず、発音も文法の間違いも気にせず、元気に大きな声で話そう、ということになる。大きな声を出すということは、"腹の底から"声を出そう、ということである。それを"腹式呼吸で声を出す"と言ってもよい。繰り返しになるが、英語を発音する（話す）ときは、お腹と顎（口全体）と喉と舌と歯と唇を使う。もちろん頭（脳）も使うだろうが。英語はリズムとか強勢（ストレス）が大切だが、大きく息を吸って声を出さないとリズムや強勢は出てこない。そのような声を出すことが「英語は度胸」ということである。日本語は"京ことば"に代表されるように、"おちょぼ口"で"ちょぼちょぼと"しかし"流れるように"発音され話されてきた。それが"ぼそぼそ"であったり、"もぐもぐ"であったりもする。政治家の誰とは言わないが"口先だけで"という話し方もある。

　昔、世界の言語の比較研究をしていた大学教授から、英語ほど"汚い"言葉はないという意味のことを聞いたことがある。確かに"ぎすぎす""ごつごつ"して日本語のような"流れるような感じ"はないのだろう。典型的なのはボブ・ディランの英語ではないかと私は見ている（聞いている）。ボブ・ディラ

ンの歌を聞くと、日本の学校英語に慣れている人には、最初は「これが英語か？」と思えるのではないだろうか。あるいは「下手な英語だな」と思う日本人もいるだろう。しかし、文字と照合しながら聞くと、間違いなく英語である。それも abc にきわめて忠実な英語だということが分かるだろう。

　現在の英国のジョンソン首相の英語も "ごつごつ" した感じがするのではないだろうか。英国のメイ首相や女王の英語も "強い"。アメリカ人の英語は "省略形" を含めてとにかくスピードが早すぎる。スピード競争をやっているようなものである。ドイツ語やフランス語やオランダ語やもちろんイタリア語は "アルファベットのローマ字的発音" が多いので、日本人には聞き易そうに感じられる。そしてそれらの歌は "流れるようで" 耳に心地よい。言語学の大学教授は "根っからの反戦主義者" だったが（それ故にか）、ヒットラーの演説の人を引き込む力強く流れるようなドイツ語に感心していた。言葉の "調子" に騙されてはならない。重要なのは中味であり、「聞くこと」とはその中味を吟味することである。

　また、「英語は度胸」として大事なことは、前にも話したように、まず主語を I にして話そう、ということである。I think〜〜. I like〜〜. I love〜〜. I want〜〜. I feel〜〜. I go〜〜. などなどを話してみよう。自分が思った通りのこと（思考や感情）を正直に言うのが、「話すこと」である。"口先だけ" で「暗記・引き出し型」の中味を話すのはやめよう。"ペラペラ英語" もやめよう。「私（I）」が良いと思った時、同意できる時は「Yes」と言おう。「私（I）」が同意できない時、嫌いな時、嫌な時は「No」と言おう。「英語は度胸」とはそういうことではないだろうか。

以上のことは、英語を教える教師が常に意識しておくべき英語教育方法上の留意点である。コミュニケーション重視の英語教育という場合は、特にこれらの点を意識して指導すべきだろう。私は1980年代に以上のような英語教育方法についての考え方を持ってはいたが、特別にそれを発表することはしなかった。そんな折に私は文部省から突然、「小学校での英語（外国語）導入」に関する会議に出てくれと言われた。文部省は公式には、「外国語活動」という用語を使ったが、現場では「英語」が中心だったので、本書では「小学校英語教育」という言い方をする。ただし、それ以外の外国語を排除する意図はない。

第Ⅱ章
「小学校英語(外国語)教育」から考える

1 「研究開発学校」での「小学校英語(外国語)教育」

　1992年に、私は何の事前打ち合わせもないまま、文部省の会議室の議長席に座らせられていた。隣には初めて会う文部省の高等学校課長が座った。参加者は30名程度いたと思うが、私が知っている人はほとんどいなかった。

　最初にこの会議、すなわち「教育研究開発企画評価協力者会議」(指定される学校を「研究開発学校」と称したので、以下「研究開発学校」と略す)を所管する高等学校課長が挨拶をした。「研究開発学校」について詳しい説明をしたうえで、今回「研究開発学校」に「小学校英語(外国語)教育」についての研究校も指定するのでよろしくお願いしたい、ということだった。この時「研究開発学校」に指定されたのは大阪市の真田山小学校と味原小学校、そして両校の卒業生の多くが進学する高津中学校だった。課長は挨拶を終えて退席した。

　文部省側から「小学校英語(外国語)教育」についての具体的説明は何もなかった。文部省としては「小学校英語(外国語)教育」に関して何の考えもなかったのだろう。だからこそ「研究開発学校」として研究して欲しいということだったのだろう。私としてはそれはやりやすいことだった。ほとんどフリーハン

ドで任された感じだった。

　その後の会議では、小学校に英語（外国語）を導入すること
についての若干の討議をおこなった。賛成反対というよりは、
とにかく実験的にやってみるのが良いのではないかということ
になった。（文科省は正式には学習指導要領などで中学、高校で「英
語科」ではなく「外国語科」という名称を使っている。実際、高校
では「英語」以外に「独語」「仏語」などを教えている高校もある。
それにならって文部（科）省は小学校でも正式には「外国語活動」
という言い方をするが、小学校での実態はほとんどが「英語」で「英
会話活動」なので、本書では、「小学校英語（外国語）教育」か「小
学校英語教育」という言い方をする。）

（1）研究開発学校と“教育実験”

　私がこの会議に呼ばれ司会役を任されたのは、私が1990（平
成2）年から「教育研究開発評価協力者会議」（「研究開発学校」）
の協力者委員になっていたからだろう。その頃、「研究開発学
校」は教育課程（学習指導要領）への「総合的な学習の時間」（当
時は仮称）の新設について精力的に活動していた。文部省は「小
学校英語（外国語）」もその「総合的な学習の時間」の枠内で
研究することにしたようだ。

　ここで「研究開発学校」について簡単に説明しておこう。
1960年代後半頃から、日本の高度経済成長を支えた科学技術
の振興とともに、教育の世界にも「科学」とか「工学」の考え
方が入ってきた。「教育」をあたかも“絶対的真理や正義”が
あるかのようにイデオロギー的に捉えるのでなく、「教育実践」

を「医療実践」と同じような一種の実験的実践（試行）として考えようという動きである。もともと「大学教育学部附属学校」が設置されたのも「大学医学部附属病院」と同じく、実験的な役割が期待されていたからである。

　もちろん、実験といっても "医の倫理" が求められるのと同様に、"教育実験" においても "教育の倫理" が求められなければならない。だから教育の "脱イデオロギー" と言っても、教育がどうあるべきか（どうあるのが望ましいか）は常に考えられ、問い返されなければならない。ゆえに、こういう教育（方法）は子どもにとって悪い（弊害がある）と明らかに考えられる教育実験はしてはならないし、普段の教育実践もしてはならない。

　それでは、「小学生に英語（外国語）を教えること」は教育実験として許されるのだろうか。弊害のない英語の教え方とはどのようなものなのだろうか。そもそも小学生に英語を教えられるのだろうか。小学生に英語を教えることは悪いことではないのだろうか。その他諸々のことを考えなければならないが、結局考えても分からないから実験（様々な試行・実践）をしてみよう、ということになる。きわめてプラグマチックな方法である。"社会実験" のようなものだから、明確な仮説のようなものはないが、私には、「6歳から小学校でも英語は教えられるし学ばれるはずだ」という予想（直観）らしきものはあった。少なくとも、現在の日本の小学生に適切に英語を教えることが "悪い" こととは考えられない。

学習指導要領と教育実験

　「研究開発学校」の目的は、大学の附属学校だけでなく、普通の公立学校でも教育実験を行おうということである。日本の学校の教育課程（カリキュラム）は「法的拘束力」のある学習指導要領に則して行われなければならない、となっている。この「法的拘束力」という曖昧な言葉を教育関係者は分かったような気で使っているが、そもそも学習指導要領は法律でないから、内容はある種曖昧で弾力的にできている。"絶対的真理や正義"が書いてあるわけでもない。それもあって戦後の1947（昭和22）年から示された学習指導要領は、文部省の「試案」として出された。しかし1958（昭和33）年から「告示」として示されるようになった。その後学習指導要領はほぼ10年ごとに大幅な改訂がおこなわれている。現在は、小幅な改訂なら10年を経なくても随時行ってよいことになっている。

　ほぼ10年ごとの改訂に合わせて検定教科書も改訂される。その改訂のためには様々な根拠なりデータが必要となる。主な根拠は、歴史研究その他の人文・社会科学の研究や化学、物理学、生物学その他諸科学の学問的成果でなければならない。つまり学習指導要領は学問の進歩を反映しなければならない。もちろん現場の教師の声も重要である。なぜなら、教師は検定教科書を使って実際の授業での子ども・生徒の生の反応を日々見ているからである。もちろん統計的なデータも必要だろう。教育実践や教育実験を行った結果（プロダクト）と同時に経過（プロセス）を評価することも重要である。

　ただし、教育実験といっても、現行の学習指導要領を大幅に超えるような教育実践（授業）をするのは難しい。制度上は「附

属学校」がそのような教育実践（教育実験）を行えることになっているが、現実の附属学校は必ずしもそうなっていない。附属学校が都市部に偏在して、入学者の家庭環境が比較的似ているということもある。そこで、全国の一般の（普通の）公立学校でも教育実験を行えるようにしたのが「研究開発学校（制度）」である。公立学校でも現行学習指導要領を超える大胆な実践・実験（授業）を行ってもよい、と文部省が学校および教育委員会にお墨付きを与えたのである。

　その"お墨付き"を与えられた真田山小学校と味原小学校は、じつは「研究開発学校」に指定される前から、校長先生のリーダーシップのもとで「小学校英語教育」を行っていた。その背景には、80年代のバブル景気で海外旅行を経験した保護者（大人）の存在があった。彼らは、「6年（10年）間学校で英語を勉強したのに、外国で全然英語を話せなかった」という"屈辱的"で貴重な体験をした。「英語は本来、英語を話す外国人とコミュニケーションするための道具ではないのか」と考え発言しだしたのである。彼らは60年代から70年代にかけての、大企業の"海外戦士"や一部の政治家や官僚などの"エリート"ではなく、まさにマスとなった"庶民"だった。その"大衆"の声が学校、教育に反映されなければならないのは民主主義社会では当然のことである。日本教職員組合（日教組）もこの頃、神戸の大会で委員長が小学校での英語教育の推進について言及した。このような背景もあって、両小学校は小学校での英語教育を手さぐりで始めたのだろう。

　このような公立小学校での動きに対し、文部省（現在は文科省）は黙っていなかった。学習指導要領の「法的拘束力」を錦

の御旗にして教育を統制（コントロール）しようとするのが文部省の常套手段である。しかし、「小学校英語」に関しては上に述べたような背景もあるので、文部省としても中止を命じることはできなかった。そこで考えついたのが「研究開発学校」指定だったのだろう。文部省としては「小学校英語」についてまったくと言っていいほど考えを持っていなかった。ただし、いくつかの私立小学校ではすでに「教科としての英語教育」を行っていることは文部省も知っていただろう。私立小学校といえども「公教育」として学習指導要領の「法的拘束力」を受けるが、文部省は黙認していたのである（これは悪いことでない）。しかし、「公立小学校での英語」として大々的にやられると文部省としては黙っているわけにいかなくなる。一種の"統制（コントロール）"に乗り出したのである。

「総合的な学習の時間」での「英語（外国語）」活動」

そこで、文部省が考え出したのは、すでに「研究開発学校」として行っていた小学校での「総合的な学習活動の時間」のなかに、「英語（外国語）活動」を入れることだった。そしてその第1号として、大阪市の真田山小学校、味原小学校、高津中学校を指定したのである。

ここで「総合的な学習の時間」についても簡単に説明しておこう。じつは、「総合的な学習の時間」には"前史"とでも言えるものがある。それは、1977（昭和52）年の学習指導要領に明記された「ゆとりと充実」という考え方である。文部省は1973（昭和48）年から、当時、"学級崩壊""学校崩壊"などといわれた、子ども（生徒）の"荒れ"や"いじめ"の問題に

ついて、教育課程審議会で３年あまりにわたって検討した（当時、私は東京都内の公立中学校で英語の非常勤講師をしていたが、そこでも"荒れる中学校"を体験した）。教育課程審議会は、その結果を 1976（昭和 51）年に文部大臣に答申し、1977年の改訂学習指導要領（小中学校、高校は 78 年）に、「人間性豊かな児童生徒を育てるため、ゆとりのある、しかも充実した学校生活を送れるようにすること」が盛りこまれた。具体的には、授業時数を平均１割程度、教育内容を２〜３割削減するなど、教育内容の"精選"（教育内容を教える上で真に必要不可欠と考えられ、かつ効果的に教授・学習できる教材・教具に絞ること）をおこなった。これにより、"学級崩壊"や"学校崩壊"を招いている、学校での子ども（生徒）や教師の過重な負担を軽減しようとしたのである。

　私も体験したが、この頃はいわゆる"業者テスト"が盛んで、教師は大量の"業者テスト"をこなすのに追われ、"学級間学力テスト競争""学校間学力テスト競争"などに神経をすり減らしていた。子どもにも保護者にも教師にも"ゆとり"はまったくなかった。そのため文部省は"業者テスト廃止"や"偏差値教育の是正"などを提唱し、学習指導要領を大綱化し、各学校の創意工夫を促し、"特色ある学校づくり"を推奨した。その結果、いくつかの学校には「ゆとりの時間」とか「学校裁量の時間」などが特設されるようにもなった。しかしその「特設」は、必ずしも文部省が「ゆとりと充実」で意図した方向ではなかったようである。単なる"穴埋めの時間"として使われることも多かった。

　その頃、千葉県では成田国際空港の開設などを控え"国際

化"の動きに応じて、1972年から公立小学校15校で「英語教室」を設置した。1977年からは一部の小学校では「ゆとりの時間」を作り、それを5、6年生には「英語教室」にあてたりした。1989年に千葉県は「英語教室」というパンフレットを作り、それまでの実践に基づく詳しい小学校英語カリキュラム・実践を紹介している。千葉県の「英語教室」では、「日常生活で触れる簡単な英語を聞いたり、話したりする指導を行う」として、「読むこと」「書くこと」は教えない。また、「小学校の英語教育は、中学校における英語学習の準備教育ではない」と明記している。

同様に、1987年に東京都新宿区教育委員会は、「小学校における国際理解教育の一環として、児童に外国の文化・言葉・基本的生活習慣等に親しむ機会を与え、将来にわたり、進んで諸外国との友好親善に貢献できる能力や態度の養成を図る」として、区内の小学6年生の希望者に土曜日の午後（放課後）に12会場で年20回の「ハロー教室」という英語教室を開設した。韓国人、中国人ほかの外国人との交流もあったが、主流は英語の話せる外国人（ALT）による"ダイレクトメソッド（直接法）"の「英語教室」だった。（千葉県と新宿区の実践については、小学校英語教育研究者の前田隆子氏が千葉県の事例を1989年に教室観察を行い、新宿区の事例は1993年に教室観察をして報告している。）（宮原修編著「国際人を育てる」［学校変革実践シリーズ、7所収、135ページから164ページ。ぎょうせい、1998年］）

前置きが長くなったが、1998年の改訂学習指導要領で正式に設置が決まった「総合的な学習の時間」とは、この1977年の改訂学習指導要領以後、各地の学校で特設された「学校裁量

の時間」や「ゆとりの時間」が、形、名称、内容を変えて引き継がれたと見ることもできる。つまり、学校現場は、学習指導要領を大綱的基準にすること（「大綱化」すなわち学校ごとの「創意工夫」などを推奨し“特色ある学校”を創ること）や「学校裁量の時間」などを歓迎したのである。しかし、「学校裁量の時間」などは、時間が少なかったうえに学習指導要領に明示的に設置されたものではなかった。そこで1998年の学習指導要領改訂に向けて検討（研究）されたのが、「総合的な学習の時間」だった。その検討（研究）のために、文部省は「研究開発学校」のなかに「総合的な学習の時間」の実験的研究（試行）校を指定したのである。先回りして言えば、その結果として1998（平成10）年の学習指導要領の中に、「外国語会話等」という「小学校英語教育」が入る「総合的な学習の時間」が正式に設置されたのである。

〈「総合的な学習の時間」については多様な視点から様々な解説書や本が出版され、一時は書店の教育書コーナーはそれらで埋め尽くされた。その結果、1998（平成10）年の改訂学習指導要領は「総合的な学習の時間」が教育課程のすべてで、それが「ゆとり教育」だとか戦後すぐの「新教育」だ、などというトンデモナイ誤解（デマ）が一部の教育社会学者やマスコミなどによってまき散らされた。「学力低下論」と連動した意図的な“ゆとり教育潰し”だった。しかし彼らは「小学校英語教育」には触れなかった。ここでは、小学校学習指導要領（平成10年12月）の「総合的な学習の時間」の中の「国際理解（外国語会話等）」の文言だけを紹介しておく。「総則」の「第3　総合的な学習の時間の取り扱い」として、「5－（3）」に「国際

理解に関する学習の一環としての外国語会話等を行うときは、学校の実態等に応じ、児童が外国語に触れたり、外国の生活や文化などに慣れ親しんだりするなど小学校段階にふさわしい体験的な学習が行われるようにすること。」とある。〉

（2）真田山小学校、味原小学校、高津中学校での教育実験開始

このような経緯の中で「研究開発学校」に指定された大阪市の真田山小学校、味原小学校、高津中学校は「英語（外国語）教育」の研究を推進した。小学校英語教育研究者の前田隆子氏は1993年5月に味原小学校と真田山小学校の教室観察をしている（宮原前掲編著書の前田隆子論文）。その後、「研究開発学校」の「小学校英語（外国語）教育」指定（原則3年間）を希望する小学校はうなぎ上りに増え、1996年には全国の都道府県でのべ100校ほどが指定された。私の自宅の3畳ほどの物置には、各小学校の研究報告書がびっしりと天井まで山積みされている。おそらく文科省の倉庫にも山積みされているだろう。

前田隆子氏は、授業観察をした味原小学校について次のように記述している（一部のみ引用する）。「英語のストレス・リズムを身につけさせるために「聞く・話す」の活動を中心に進め」「「発信型」の英語学習を目標として掲げている」「4年生は週1時間、5、6年生は週2時間、ゆとりの時間を充当している（1〜3年生にも月1時間だが、国語や音楽等の時間を充当して英語学習の時間を設けている）」「担当するのは、担任（HT）、外国語指導助手（ALT）、日本人英語教師（JTE）で、三者共同

授業（ティームティーチング）の形式をとっている」「6年生
の授業では、児童が円になって座り、時刻の聞き方・答え方の
練習をした（What time is it? It's ～～in the morning. ）」「ALTは
児童の発音を聞き、そこで発音チェックと発音指導が行われた」
「この日の本題である、日本とアメリカの身振りの違いを学ぶ
時間に入った。まずALTのジェスチャーを見て、その身振り
の意味を当てさせた。たとえば、腕を外側から内側へ巻き込む
ように振る "Come here"、親指を上に立てる "Good"、親指を
下向きにする "Bad"、手のひらを広げて地面と平行に振る "So-
so"、胸を親指で指す "Me"、指をこすって示す "Money"、等々。
児童は自分の国とは異なるジェスチャーの仕方を覚えたり、そ
の身振り言葉が生まれた文化的背景を学習したようだ」。

　観察を終えた前田氏は「全体的な印象として、児童はとても
集中していたようだし、また積極的に授業に参加していた。特
に身振りの違いを学ぶ時間では、とても楽しそうにALTのま
ねをしていた」と書いている。

　真田山小学校については次のように記述している。「英語に
対する興味・関心をもち、外国の人々と積極的にコミュニケー
ションを図ろうとする態度を育成することを目標に掲げてい
る」「筆者が参観したのは1年生の授業で、4月に始まってか
らその日で2回目というクラスであった。とても元気のよい、
"Hello" というあいさつに始まり、5月に誕生日を迎える児童
を紹介し、全員で "Happy birthday to you" の歌を歌った。次に、
前時の復習として、"Hello. My name is ～～ "（自己紹介）の練
習を行った」「続いて、ジェスチャーゲームで遊んだ。これは、
"Hello. How are you?" を使って、教室の中を歩き回って出会っ

た人とジェスチャーで会話し、数多くこなした人の勝ち、というゲームであった。児童たちは喜々として教室中を飛び回り、平均6〜8人とあいさつをしていた」。

　以上、前田隆子氏の教室観察を通して、味原小学校と真田山小学校の「小学校英語（外国語）」の教育実験のほんの断片を垣間見たが、これは、「研究開発学校」における「小学校英語（外国語）」のスタートの頃の教育実験（授業実践）の普通の姿だった。つまり、民間の「児童英会話教室」で普通に行われているような実践だった。「教育研究開発企画評価協力者会議」としては、味原小学校、真田山小学校を「小学校英語教育」のモデル校にしようという意図はなかった。そもそも協力者会議として「小学校英語教育」についての統一的な考えをもっていなかったし、統一的な見解も表明していない。文部省からは英語の教科調査官が参加していたが、文部省としては「小学校英語教育」について積極的でなかったし、むしろ懐疑的なようだった。

　実際、当時、公立小学校で英語教育ができるなどと考えていた人はほとんどいなかった。考えようともしなかった。私もその一人だった。ただし、前にも触れたように一部の私立小学校では行われていたし、1980年秋には、「日本児童英語教育学会」を名乗る二つの団体も設立された。そのうちの一つは11月16日に関西で設立総会を開いた日本児童英語教育学会（JASTEC；The Japan Association for the Teaching English to Children.）で、2000年には設立20周年を迎えた。

　その他にも主にバイリンガルについて研究していた研究者もいたが、彼らは協力者会議のメンバーには入っていない。つまり、文部省としては、「小学校英語教育」は「総合的な学習の

時間」の一環の教育実験と位置付けていたのである。だから、「協力者会議」としてはまず小学校現場での創意工夫を見守ることにした。

（3）「小学校英語教育」の根本原理

各地の「小学校英語教育」の実験

　そのような中から、各地の教育実験を見た「協力者会議」のメンバーの間に暗黙の合意のようなものができてきた。それは、"中学校の英語科を小学校に降ろすのではない（早めるのではない）"、"小学校から英語嫌いをつくらない"、"触れて楽しむ英会話"、などの考え方（根本原理）だった。それを各「研究開発学校」に公式に伝えたわけではないが、各学校はそのような"根本原理"を意識して、創意工夫を凝らしながら授業実践に取り組んでくれた。「研究開発学校」の教育実験については、前田隆子氏が味原小学校、真田山小学校以外の1995年までの取り組みから10校を紹介している（宮原前掲書、前田隆子論文）。

　また、JASTEC の創立 20 年記念誌の『小学校の英語教育』（樋口忠彦、行廣泰三編著、KTC 中央出版、2001 年）で、樋口忠彦氏が「カリキュラム作成の視点と年間指導計画」の中で、北海道旭川市立日章小学校と滋賀県伊吹町立伊吹小学校の事例を紹介・分析している。同じ本の中で高橋正治氏と高橋一幸氏は「授業の進め方」として 11 校の事例を紹介している。いずれも「小学校英語教育」の初期の事例である。ご参照願いたい。

　これらの授業や授業記録を診た行廣泰三氏（聖心女子大学教

授）は、「現在、研究開発学校に指定された公立小学校における英語教育は、「英語を使うことについての積極的な態度」を養成することにおいて、ある程度の成果を上げています。しかし、一方では、小学校の英語教育が、中学校に生かされず、まったく異なった教育内容に戸惑いを感じている生徒もいると聞きます」（同書、193ページ）と述べている。行廣氏の指摘はその通りで、中学校の英語教育が悪いのか、「小学校英語教育」が悪いのか、という話になるが、私は旧来の中学校、高校の"受験（試験）のための英語教育"を変えていかなければならないと考える。

　私自身は、第Ⅰ章2で述べたような「地球市民英語」の考え方はもっていたが、「小学校英語教育」についてきちんと考えたり研究したりしたことはなかった。ただし80年代には、「早期英語教育」や「バイリンガル」が広く話題になっていた。90年代初めには『第二言語習得研究に基づく最新の英語教育』（小池生夫監修SLA研究会編、大修館書店、1994年）や『バイリンガル教育と第二言語習得』（コリン・ベーカー著　岡秀夫訳・編、大修館書店、1996年）などという研究書も出ていた。私はそれらを見ても、バイリンガルになるのは大変だな、としか思わなかったし、日本での「小学校英語教育」とは関係ないと思った。そもそも当時日本の公立小学校の小学生に英語を教える、ないし教えられる、などと考えていた人（研究者も含む）はほとんどいなかった。"難しい英語"、あるいは"英語は難しい"から、中学生（12歳程度）になってある程度認知能力が伸びてからしか教えられないし、認知能力が発達した子どもでないと学習できない、と考える人が多かった。

そんな中で小学校から英語を教えるなら、上で述べた、"中学校の英語教育を小学校に降ろすことではない"、"（小学校では）触れて楽しむ英会話を"、"小学生から英語嫌いをつくらない"、などの考え方が重要だと私は考えた。

　最初のうちは「協力者会議」の中に、"小学生にはシャワーのように英語を聞かせるのが大事"などという考えもあった。しかし"シャワー論"はじょじょに消えて行った。我々日本人が全然分からないタイ語や中国語、ハングルなどをシャワーのように聞かせられても（浴びせられても）、"暑い"や"冷たい"としか感じられないだろう。まさにチンプンカンプンで"うるさい"としか感じられなくなる。小学生くらいの子どもも同様だろう。**子どもは言葉に意味を求めるのである。**子どもは、父母（保護者）や友だちとのやりとり（コミュニケーション）の中で言葉を覚えるのである。毎日テープレコーダーの英語だけを聞かせられて英語が習得できた子どもはいない。

"ラーメン屋"のバイリンガル

　ここでまた余談だが、私は休みの日など家の近くの中華料理店（ラーメン屋）によく行った。そこは台湾人の50歳前後のおばさんが店で接客していた。おばさんは大変元気がよく、日本語と台湾語（中国語）をよくしゃべるバイリンガルだった。料理人の台湾人夫婦の子ども（孫）がいて、3歳と5歳の男兄弟で保育園に通っていた。兄弟はお店で遊びおばあちゃんともよく話していた。この兄弟がおばあちゃんと話すとき、突然台湾語を話したり、日本語を話したりするのである。そのチャンネル切り替えは誠に見事で、実にスムースに両言語を操ってい

た。おばあちゃんの対応力も優れていた。おばあちゃんのチャンネル切り替えも素早かった。その結果、二人の孫もバイリンガルになったのだろう。

　じつはこのような事例は90年代には珍しいことではなくなっていた。日本人女性がアメリカ人と結婚し、子どもが生まれアメリカで（日本ででもよいが）長く生活すると、その子どもはほとんどが日本語と英語（米語）のバイリンガルになる。国際結婚が増えるとバイリンガルの子どもが増える。もちろんそうなるためには、毎日のように父母が子どもと両方の言語でコミュニケーションすることが必要だろう。私はこんな体験もあったので、子どもが外国語を覚えるのはそんなに難しいことではないかもしれないと思い始めていた。

　私の考える根本原理

　そんな中での「小学校英語教育」だったが、私は1992年から6、7年間、1年に50日くらいかけて全国の「研究開発学校」の「小学校英語教育」の教育実験を見せてもらい、授業の後の研究会（コンファレンス）に参加させていただいた。その当時のことを、『小学校の英語教育』（樋口忠彦、行廣泰三編著、前掲書）に書いたことがあるので、その一部を再録させていただく（「ですます体」は元のまま）。

　　　筆者（宮原）は日本各地の小学校での「英語・英会話の授業」を、ここ6、7年間集中的に見てきたわけですが、そこで考えたことの一端を述べてまとめとします。小学校の新学習指導要領の「総合的な学習の時間の取り扱い」の

中には、「国際理解に関する学習の一環としての外国語会話等を行うときは、学校の実態等に応じ、児童が外国語に触れたり、外国の生活や文化に慣れ親しんだりするなど、小学校段階にふさわしい体験的な学習が行われるようにすること。」とあります。つまり、2002年度から各学校の教育課程上に新設される「総合的な学習の時間」（名称は各学校で決めてよい）において、小学校で「外国語会話等」を行ってもよいことになったのです。これは日本の学校教育130年目の「開国」と言えるでしょう。日本の小学校で中国語、ハングル、英語、フランス語、ドイツ語、その他の地球上の言語・言葉を使ってもよくなったのです。ただし、あくまでも「外国語会話等」の中心は「英語会話」です。

「研究開発学校」の実践を指導・助言するにあたって、委員が共通に言ってきた「触れて楽しむ英会話」とは、前に引用した「総合的な学習の時間の取り扱い」をスローガン化したものです。「小学校から英語嫌いをつくらないようにしよう」「旧来の日本の中学校の英語教育をそのまま小学校におろすのではない」等ということも言ってきました。そこで問題は「国際理解に関する学習の一環としての」ということの意味ですが、これも先に述べたように、この程度のことならば日本全国の小学校で程度の差こそあれ、特別活動その他の時間を使って実践されています。そして学習指導要領がそのような、いわゆる現場の実践を追認し明文化する面があるのも確かです。それによって、「国際理解教育」「異文化理解教育」といわれるものが充実する

のもよいことです。

　しかしながら、今回、新学習指導要領にあえて「外国語会話等」と書かれたことの意義はもっと積極的・前向きに重く受け止められなければなりません。それはやはり、小学校教育のなかに「英語会話教育」をどう位置づけ、そのうえで中学校、高校の「外国語教育」をどうするかということです。

　「研究開発学校」やその他の小学校での「英語会話教育」の実験授業が証明したことは、小学校1年生でも6年生でも授業の方法によっては、「Hello, I am Taro. I like baseball.」「What team do you like?」「Hawks. I like Daiei Hawks.」「What player do you like?」「I like Akiyama. Do you like baseball?」などという会話（コミュニケーション）を延々と続けていける、ということです。この場合大切なことは、Taro（太郎）という子ども本人が本当に野球が好きで、ダイエーホークスが好きで秋山選手が好きだ、ということです。Giants が好きな子どもは Giants と言い、サッカーの好きな子どもはサッカーが好きだと言い、好きな選手の名前を言い、嫌いなスポーツがあったらそれを言えるということです。それを"暗記暗誦の英語会話"と違う"主体的な英語会話"ということもできます。

　このような「英語会話能力」は、言われてみれば、何ということはないかもしれません。英語をちょっと習った日本人なら誰でもこのくらいできるはずだと思う日本人も多

いことでしょう。しかし、現在の日本の中学校や高校で英語科の授業を受けている子どもたちの果たして何％が「この程度のこと」ができるでしょうか。私は全国平均では高校生でも 50％にはるか及ばないだろうと見ています。大学まで 10 年間英語を勉強した大人の日本人でも、大差はないでしょう（英会話学校等に行っていれば別ですが）。問題は、ペーパーテストで答えられるか否かではなく、英語を話す外国人から直接話しかけられた時に応答できるかどうかです。

　さて、すべての小学生がこのような「英語会話能力」を持つためには、授業の方法が肝心ですが、それについては、例えば、筆者が 5 年間継続的に一緒に研究させていただいている千葉県成田市立成田小学校が有力な参考となります（宮原修編『わが校の教育課程をつくる』［学校・授業づくり実践シリーズ 2］ぎょうせい、2000 年）。成田小学校は東京国際空港（成田空港）の地元で外国人も多く、近くには成田山新勝寺というお寺もあり、日本の伝統と国際化がミックスした成田市にあります。そのような地域の特色を生かしながら小学校での「英語会話授業」に取り組んでいます。ALT（英語指導助手）を常時 3、4 人配置できることや、外国航空会社関係の外国人や外国人観光客等と直接接することができ、彼らを学校に招待して「英語会話授業」をする等、確かに、環境的には恵まれているといえます。しかし、全校の児童数は 1000 人近くですから、ALT と子どもの比率は 250 人に 1 人程度です。

成田小学校の「英語会話授業」の時間は基本的には週2回20分の授業です（年間24時間、すなわち1日程度です）。中高学年では、40分もしくは60分の時間を作ってアリーナや体育館その他で「交流授業」などもされます。また、「参道学習」といって成田山新勝寺の参道に出て、直接外国人と会話をすることもあります。そのような「英語会話授業」を通して、成田小学校の子どもはいわゆる特殊学級（たけのこ学級）の子どもも含めて全員が「ある程度の英語会話」ができるようになっているのです（もちろん、一人一人の違いはありますが）。やはり積み重ねは大切で、1年しかやっていない子どもよりも3年間やった子どもの方が能力があります。

　このような「英語会話授業」は「総合的な学習の時間」等の年間3分の1程度を使えばどこの小学校でも可能です。もちろんその小学校の地域的条件とか、ALTを含む教職員の条件とかいろいろな制約はあるでしょう。しかしながら筆者が全国、あらゆる規模の小学校で「英語会話授業」を見せていただいた経験から言えば、成田小学校程度のことはどこの小学校でも実践可能です。

　最後に、小学校「英語会話授業」の指導（授業の方法）のポイントだけをあげておきます。英語の発音は「abc.......」の26音（文字）が基本です。「表音文字」の意味を重く受け止めましょう。辞書に載っていない単語は人名、地名などたくさんあります。発音記号は便宜的な手段ですし、標準であり近似に過ぎません。発音記号をとお

してではなくダイレクトに英語（26音、文字）を読んでみましょう。これは中学校でも高校でも大学でも変わりありません。日本の英語教育界から「発音が良い、悪い」という言い方（評価）を追放しない限り、みんなが英語を話せるようにはならないでしょう。英語は「正しい発音」の許容度が大きいので世界の人々に使われるようになったのです。

　英語の文づくり（文法）の基本はいわゆる3文型（SV、SVO, SVC）です。複文にしようと、関係詞を使おうと、この3文型を操作しているという実感が大切です。文づくり（文法）のこのシンプルさも、英語が世界中で使われるようになった大きな理由の一つでしょう。なお、小学校の「英語会話授業」はなるべくALTを中心に行うのが良いと思います。学級担任の教師はむしろ補助に徹するのが良いでしょう。そのためにも授業前の打ち合わせ（教材研究）は大切です。

　いずれにせよ、小学校で「ある程度の英会話」ができるようになったら、中学校ではもっと内容（歴史・文化や時事問題その他）のある会話（コミュニケーション）ができるようになるでしょう。英語の文章（教科書を含めて）は「話すように」、「自分で英語の文をつくっているように」読まなければなりません。1行ずつ辞書の発音記号あるいはフリガナを見て読むことはやめさせなければなりません。英語の文を書く（英作文）のは、話す（文をつくる）ように書くことです。つまり、話すように読み書くことが大切な

のです。

　このようなことが徹底されることによって、すべての日本人が英語で「聞き（読み）、話し（書き）、議論し、判断し、実践（表現）できるようになる」のではないでしょうか。そうなれば高等学校の「外国語科」はまさに選択教科でよく、英語のみならず、中国語、ハングル、フランス語、ドイツ語その他の外国語から選択すればよくなります。小学校から「英語会話」の授業をすることによって、21世紀の日本の外国語教育にこのような展望も見えてくるのです。

　以上のような話を、私は全国の「研究開発学校」を訪問し、研究会に参加した折にさせていただいた。そのほかに次のような話もさせていただいた。中学校に音楽科という教科がある。歌を上手に歌える子どもは教師から高い評価（評定）を得られる。特に、小さい時（幼児）からピアノなどを習った子どもは断然有利である。音楽専任教師の覚えも良い。少なくとも、音楽科という専門的な教科指導についていける。しかし、小さい時から音楽（楽器など）に親しんでいなかった子どもは、何が何だか分からないまま躓いてしまう。

　一方、小学校の音楽科は皆で合唱などをしていればよく、教師も学級担任の指導が一般的だから、あまり音楽の専門的な指導もしない。ゆえに小学生は全員音楽に"触れて楽しんだり"、"歌って楽しんだり"できる。ただし、小学校でも、その前の幼児期に音楽の習い事をしていた方が音楽科の指導により適応できるだろう。私は幼児期からの英語教育にあまり賛成ではな

いが、このような中学校の音楽科のことを考えると、小学校で英語に "触れて楽しむ" ことは、中学校から始まる英語科教育の準備（レディネス readiness）としても良いことだと考える。少なくとも中学生になって初めて英語の音に出会って面喰ったり、英語アレルギー（英語嫌い）になるのを予防することができるのではないか。

　また、当時は、小学校から英語を教えると国語（日本語）がおろそかになり、国語に悪影響を及ぼすのではないかなどという批判もあった。しかし、これはまったくの的外れである。第一、国語の時間を削って英語の時間にしようというのではない。また小学校で英語を教えるといっても、せいぜい 1 年間（360日）のうち通算 1 日（24 時間）から多くても 10 日間程度だろう。すでに述べたように、日本の小学生はテレビ等で英語の音らしきもの（和製カタカナ英語）に触れて、日本語のスピードやリズム、発音なども英語化している。"純正国語（日本語）"論者はこのような傾向も気に入らないのかもしれないが。

　その他に「小学校英語教育」に反対する人は、概して英語を得意とする大学の教師などが多かった。彼らは "5％" に入るくらいの英語得意派なのかもしれないが、彼らは日本人の多くは英語ができない "95％" のままで良いと考えているのだろうか。「小学校英語教育」は、より多くの日本人を "5％" の人に対する英語コンプレックスから解放しようとする方策でもある。**英語は日本語と同じ単なる言葉であり、いっぱいある外国語の一つにすぎない、と日本人全員が考えるようになるとよい。**そして英語が好きな人、必要な人はいっぱい英語を学習すればよい。「小学校英語教育」はその入口に過ぎないのである。

2　千葉県成田市立成田小学校での教育実験

　私が「小学校英語授業」についてこのような考えなり確信を持つにいたったのは、成田小学校（佐藤幸納校長）での体験が大きい。私は自宅が千葉市にあったこともあり、成田小学校の"教育的実験"の授業と研究会には、1993年から98年までの5年間に10回以上参加させていただいた。私は成田小学校で、「小学校英語教育（授業）」の"成功例としての典型"を作りたいとも思った。必ずしも最初からそう考えていたわけではないが、先生方の熱意、ALTの熱心さ、佐藤校長のリーダーシップなどに接するうちに、ここなら有意義な"典型例"ができそうだと考えた。成田市教育委員会、千葉県教育庁のバックアップ体制も整えられていた。もちろんほかの「研究開発学校」の多くも同様の熱意と体制を持っていた。

　金沢市の学校にも5回くらい参加させていただいたが、金沢市は1996年から石原多香子教育長のリーダーシップのもとで、市内全ての60校で「小学校英語学習」を始め、教師の英語研修（ワークショップ）に全市的に取り組んでいた。ちなみに、成田市の小川国彦市長と金沢市の山出保市長はともに社会党出身の市長で、"観光振興"の一環として国際理解教育、「小学校英語教育」を捉えていたようだ。地方から"観光立国"の先陣を切っていたのである。

　成田小学校の最初の頃の教育実験は、他の小学校と同様に、「総合的な学習の時間」の中の"国際理解教育"としての"外国語教育"として「英語会話授業」が行われていた。そのために、授業は子どもとALTを含む外国人と担任教師などが、みんな

で「歌、リズム運動、英語の挨拶、ゲーム」などを行うのが中心で、時間はあっという間に過ぎた。それはそれでみんなが楽しんでいたが、"楽しむだけ"の休憩時間（遊び時間）のようでもあった。誤解のないように言えば、私は"遊び（play、プレイ）"の教育的効果を称揚する立場である。子どもは"遊び体験"の中で、生きるのに必要な様々なことを覚える。しかし、「国際理解教育」とか「外国語（英語）教育」を多小堅苦しく考えると、もう少し工夫の余地があるのではないか、と私は考えるようになった。特にALTには子ども達に英語を教えようという"使命感"もある。そうなると、"交流会"のようなもので「国際理解教育」とするよりは、「英語会話授業」に時間を多く取る方が、子どもにとって意味があるのではないかと考えるようになった。「国際理解教育」なら生活科や社会科でも、道徳教育でも"異文化交流会"でもいろいろやり方がある。そのような経過の中でだんだんと「英語会話授業」の比率が増え、実践的にも理論的にも「小学校英語授業」に焦点化されていったのである。

　以下に、千葉県成田市立成田小学校の「小学校英語教育」の実践を紹介しよう。

地域の特色を生かした国際理解教育

成田小学校プロフィール

　本校は、千葉票の北部、印旛沼の北東部に位置し、成田山新勝寺への参道を中心とした旧街並みとその周辺の地域を学区としている。古くからの門前町としての活気の中で、地域に根ざ

した学校として、さまざまな教育活動に取り組んできた。昭和53年の新東京国際空港の開港からは、成田山を訪れる外国人観光客も増え、必然的に世界各国の人々と接する機会も多くなった。子どもたちは、直接外国人に出会うことも多く、外国に対する関心も高いが、コミュニケーションを図るという面での経験は少なく、声をかけられても戸惑っているという実態であった。

　そのような中で、平成8年度より、「小学校での外国語学習」に関する研究開発学校の指定を機に、国際理解の基礎を培うことを目指した小学校における英語学習の実践研究を行ってきた。

① 国際理解教育の一環としての英語学習を目指して

［1］研究のねらい
　児童のコミュニケーション能力の育成、国際理解の基礎を培うという視点から、英語科を教育課程に位置づけて実践的研究を行い、その可能性を探る。

［2］研究の内容
（1）モジュール（20分）を活用した弾力的な教育課程の編成
（2）全学年週1時間（20分×2回）の英会話等の授業実践とその評価
（3）ALT等外部人材を活用した学習や地域との連携を基にした国際交流活動
（4）他教科・領域の教育内容の精選と英語学習の教材開発

図1　研究の全体構想

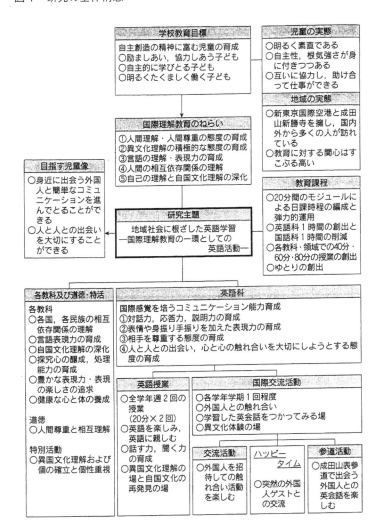

[3] 研究の全体構想

研究の全体構想を図1に示す。

② 教育課程への位置づけ

［1］ 20分間のモジュール

　児童の発達段階と学習内容、児童の集中力の持続、児童の興味・関心に配慮し、20分間を基本に、日課時程を構成した。したがって、通常の1時間は2モジュール（40分）となる。また、モジュールを有効に活用するという観点から、1日の日課を午前2ブロック（4モジュール×2）、午後1ブロック（4モジュール）で構成し、1モジュール（20分）あるいは3モジュール（60分）、4モジュール（80分）の授業を日課表上に位置づけ、さらに弾力的な運用を図る。

［2］英語科の創出

　週当たり1時間（20分間×2回）の英語科を実践する。それに伴い、各学年とも現行の時数から国語科を1時間削減した。

　削減した時数に当たる内容については、年間指導計画を見直して指導内容の重点化を図ったり、単元化の工夫、指導法の工夫・改善に努めたりしてきた。英語科は、各学年とも週2回の授業が日課表に位置づけられている。1回の英語授業は、20分であるが、交流活動は40分で行うことが多い。また、モジュールの有効活用を図るということから、3年生以上は1・3・5校時の前半の1モジュールを、2・4校時は、後半の1モジュールを英語の時間に位置づけ、他教科の3モジュールの授業がと

りやすい日課を組んだ。

[3] 日課時程の弾力的な運用から

　通常の1単位時間を、45分から40分にしたことにより、生み出された時間が、児童にとって学校生活上でのゆとりにつながるように、また、時間の弾力的運用がしやすいように日課時程を組んだ。具体的には、1校時と2校時、3校時と4校時の間の休み時間を15分とした。さらに、日課終了後の「放課後の時間」を位置づけ、学級の自由裁量の時間とした。

③ 研究体制

[1] 研究組織について

　本校の研究組織の基本的構成は、全職員が教科授業研究部会（A研）と教科領域連絡部会（B研）の両方に所属している。

　教育課程関連の研究（英語科）としては、各学期1回の英語科の運営指導委員会、随時召集される研究推進委員会、英語の授業研究を年4回（3～6学級展開）実施している。日頃の英語授業の教材研究やALTとの打ち合わせのために、英語伝達研を毎週設けている。また，新学習指導要領の実施に先駆け、新教育課程研修会を月1回設けている。

[2] 時間の確保について

　毎週木曜日を定例研修日とし、1時半～4時半までの間を研修に充てている。研修の組み合わせとしては、英語伝達研＋全体会、英語伝達研＋全体会＋部会もしくは学年研、英語伝達研

＋Ａ研＋部会 or 学年研のかたちをとっている。基本的に伝達研を１時間、全体会もしくはＡ研を１時間、部会研もしくは学年研を１時間とり３時間の研修を進めている。なお、前述の新教育課程研修会は、月１回火曜日に時間を設け、定期的に研修を進めている。

④成田小における英語科

[１]英語科の目標

　本校では、21世紀の教育を見据え、国際化、情報化の進む現代社会において自分の考えをもち、他者に伝え、お互いに理解しあうためには児童のコミュニケーション能力の育成を図る必要があるという観点に立ち、さらに、小学校における英語教育が国際理解教育の一環であるということを踏まえ、英語科の目標を以下のように定めた。

英語科の目標
・英語でのコミュニケーション能力（聞く・話す）の基礎を育成する。
・英語を楽しみながら学ぶことにより、身近な外国人とコミュニケーションを図ろうとする態度を養う。
・英語の学習を通して地域社会を理解するとともに、英語を生かしていこうとする態度を養う。
・英語の学習を通して，自分のまわりには色々な考えや文化をもった人がいることに気づき，それを認め，受け入れようとする態度を養う。

［2］コミュニケーション能力のとらえ方

　上記の英語科の目標を達成するために、コミュニケーション能力とは何かを探り、次の四つのポイントを押さえることによって、総合的なコミュニケーション能力の育成を図ることができるのではないかと考えた。

　①対話力，応答力，説明力の育成（会話を広げる）
　②表情や身振り手振りを加えた表現力の育成（ジェスチャー・アイコンタクト）
　③相手を尊重する態度の育成（"Excuse me." "Thank you." などがはっきり言える）
　④人と人との出会い、心と心の触れ合いを大切にしようとする態度の育成

［3］コミュニケーション能力育成の具体例
　①対話力、応答力、説明力の育成（会話を広げる）
　　・低学年……簡単な単語を使って話そうとする
　　・中学年……質問を聞いて意味を理解し，答える
　　・高学年……１問１答の領域を超える
　②表情や身振り手振りを加えた表現力の育成（ジェスチャー・アイコンタクト）
　　・首を大きくたてにふる　　例）Yes.　Ok.　I see.
　　・首を大きく横にふる　　　例）No.　No, thank you.
　　・もう一度聞く　　　　　　例）Pardon?　Once more please.
　　　　　　　　　　　　　　　　　One more time please.
　③ 相手を尊重する態度の育成 ("Excuse me." "Thank you." な

どがはっきり言える）

・相手の目を見て、気軽に挨拶をする。

例）Hello.　Thank you.

Good morning.　Good bye.

Excuse me.　See you.

④人と人との出会い、心と心の触れ合いを大切にしようとする態度の育成

・自分のことを相手に知ってもらう

・相手のことを知りたいと思う

・外国人と出会う貴重な時間を大切にしようとする

[4] 英語授業について

▶ 英語授業の重点事項

①英語嫌いをつくらない英語授業

・児童が本来もっているエネルギーを自然なかたちで表にでるように

・児童が英語に慣れることを念頭に置いて指導すること

②英語は簡単なものであるという意識がもてる英語授業

・初期段階はふだん耳にする英語や日本語になっているカタカナ英語を使用

・ふだんの生活で体験する場面を設定し、そこで使用される会話を簡単な英語にして学習

・完全な構文を強要しない

③英語は楽しいものであるという意識がもてる英語授業

・ゲームやリズム遊びの楽しさ

・一人ひとりの児童が活躍できる楽しさ

・知的好奇心を満足させる楽しさ

・自分の英語が外国人に伝わる楽しさ

④より親しみやすくするためのリズムの開発とリズム感あふれる英語授業

・英語授業がリズム感にあふれ、気持ちのよいテンポで進める

・担任も大きな声でリズミカルに

⑤理解可能な英語をインプットする英語授業

・児童にとって理解可能な英語を聞かせる

・児童に指示する場合など、簡単でわかりやすい英語は何度も使う

⑥担任が授業を構成し、ALT を活用する英語授業

・担任が授業を構成する

・音声面では ALT が前面に出てクラスをリードする

・TT では，教師同士がお互いにフォローしあう

▶ 年間指導計画

　「難しいことは、しない（文字、文法、高度な会話）」を前提に据え、各学年別の年間指導計画を作成した。各学年相互のバランスや系統をある程度押さえるとともに、食べ物・遊び・挨拶・買い物などの共通題材も設定し、児童の発達段階を考慮した。

題材選定に当たって配慮したこと

　ア　コミュニケーションを図る上での基本的内容であること

　イ　日常生活で使用頻度が高いこと

表1　日課時程

時刻	月	火	水	木	金	土	時刻
8:00	清　掃					朝の会	8:00
8:15							
8:20	朝　の　会						8:10
8:30							
	1						8:50
						休み時間	
9:10							9:05
	休　み　時　間						
9:25							
	2						9:45
10:05						業　間 (全校集会)	
	リフレッシュタイム						10:10
10:25							
	3	●			英語		
							10:50
11:05		●			●	帰りの会	
	休　み　時　間						11:00
11:20							
	4	●			●		
12:00		英語			●		
	給　食						
12:40							
	昼　休　み			帰りの会	昼休み		
1:05							
1:10							
	5						
1:50							
	休み時間	移　動	休み時間		休み時間		
2:05							
	6	クラブ活動			委員会 (月1回)		
2:45							
	帰りの会	帰りの会	帰りの会		帰りの会		
2:55							
3:00							

※週2回の英語授業と3モジュールの授業例を記入。

※ノーチャイムを実施。

※3年生以上の，月曜日と水曜日の午後の日課は学年で工夫する。
例)
・月曜日5時限，水曜日6時限
・月曜日6時限，水曜日5時限
・月曜日3モジュール，水曜3モジュール等

図2　研究体制

①研究組織

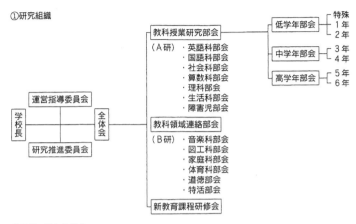

②研修の基本的構成

○教科授業研究部会（A研）……基本的に隔週実施

○教科領域連絡部会（B研）……各学期1～2回程度

○初期研修……………………教職2年目以上5年目以下を中心に授業を通した相互研修

○初任者研修…………………（別紙計画による）

○教育課程関連の研究（英語科）

　ア）運営指導委員会……各学期1回（英語科）

　イ）研究推進委員会……随時

　ウ）授業研究……………英語（年4回3～6学級展開）

　　　　　　　　　　　　　A研教科については，希望により年2～3回程度

　エ）定例研修……………木曜日（1:30～4:30）英語伝達研＋全体会

　　　　　　　　　　　　　　　　　　　　　　　　　＋全体会＋部会or学年

　　　　　　　　　　　　　　　　　　　　　　　　　＋A研＋部会or学年

　オ）新教育課程研修会・月1回火曜研修

③木曜定例研の基本的流れ

全体研修	低学年部会			中学年部会		高学年部会		
	1年	2年	特殊	3年	4年	5年	6年	1:30
	英語伝達研修	英語伝達研修	学年研修	英語伝達研修	英語伝達研修	英語伝達研修	英語伝達研修	2:30
	A研，全体会，学年研修等							
	※必要に応じ，上記（エ）のように時間および体制を設定する							4:30

表2　平成11年度英語科年間指導計画一覧

	たけのこ	1年	2年	3年	4年	5年	6年
4月③	Greetings. (はじめまして) アルファベット	Greetings.	Greetings. アルファベット	New friend.	Greetings. (どんなーか好き?) Let's play!	Greetings.	Greetings. and small talk.
5月④	What is this ?	アルファベット Nice to meet you !	数字と色	た・か・ら・も・の	身のまわりの物を英語で言おう	Welcome to Narita ! Part I	Present for you. 参道活動①
6月④	数字と色	数字と色	バーベキューをしよう 何がすき?	Boy meets girl. ドキドキ, ワクワク, 一緒に遊ぼう	動物公園を案内しよう	参道活動①	Let's introduce !
7月②	Summer cooking. 英語の先生と仲良くなる会をしよう①	Let's play !	Let's play !	Let's play !	どこにあるの?	Let's play !	English games.
9月④	What is this ?	What is this ? アスレチックで遊ぼう	Let's go to the zoo !	School Festival. Tea party.	聞いてみよう What's Halloween ?	Welcome to Narita ! Part II	English Hour. Part I 選択学習①
10月④	ハロウィンパーティーをしよう	なにがすき?	何がすき? Nice to meet you !	Tea Party		参道活動②	市内のウォークラリーをしよう 参道活動②
11月④	Let's go restaurant ! 英語の先生と仲良くなる会をしよう②	かいものごっこ	Let's go shopping !	Where is the Narita Station ?	電話でGO !	Welcome to my home !	Let's play house !
12月②	Merry Christmas.	Let's sing a song !	もっと聞きたいな	Let's sing a song !	クリスマスを楽しもう インタビューをしよう	Popcorn Party.	English Party.
1月③	えいごげきをしよう! 英語の先生と仲良くなる会をしよう②	福笑い 外国の人に話を聞こう	Face and body.	Thank you for your kindness.	何月何日生まれ? ドキドキ,ワクワク, Let's talk !	Let's play !	English Hour. Part II
2月④		My family.	My family. 〇〇先生の国ってどんなところ?	Welcome to school.	買い物をしよう	Welcome to Narita ! Part II 参道活動③	What do you want to be ? 選択学習②
3月①	英語の先生ありがとう	かんしゃ	Thank you everybody !		ありがとうの会を開こう	感謝の気持ちをこめて	Good bye teacher.

ウ　子どもの興味・関心が高いこと
エ　場面設定が可能であること
オ　内容に無理がないこと

▶ 授業内容の工夫

　聞く・話すを中心とした楽しい活動を目指して授業内容を構成した。さらに必要感のある無理のない場面設定を考慮し、学習内容の工夫を図ってきた。

　基本的には、低・中・高学年別に以下のように押さえた。

・低学年……ゲームやリズム遊びが中心
・中学年……簡単な英会話と場面設定を組み合わせる
・高学年……実際に外国人とコミュニケーションを図れる会話や場面を設定する

▶ 指導体制について

　指導体制は「HT と ALT の 2 人組の TT」であり、おおよその役割分担は表 3 のとおりである。また、国際交流活動の場合は、これに外国人協力者（ゲスト）が加わる。

▶ 評価について

　英語科では、児童個々の評価を問わず、評定をつけることもしない。授業内容等の評価としては、毎月 1 回単元ごとに次のような方法で行う。

・児童自身が、英語の時間が楽しかったか、よく理解できたか等の簡単な自己評価
・HT が児童の授業等の様子を観察して，授業内容が適して

表3　指導体制

指導者	役割	英語授業	国際交流活動
H T	Executive Producer 授業構成	・場面設定の工夫（動機づけ） ・児童への活動支援 ・ALTへの配慮 ・他教科の関連を配慮	・活動計画の工夫 ・活動全体をコントロール ・児童への活動支援 ・ゲストに対する配慮
ALT	Native speaker & Supporter 英語支援	・ネイティブな英語のシャワー ・音声面での学習コントロール ・児童への活動支援 ・児童との触れ合い	・ゲストに対する活動内容説明 ・ネイティブな英語のシャワー ・児童への活動支援 ・児童との触れ合い

いたか評価すること

[5] 国際交流活動について

▶ 国際交流活動を構成する上での留意点

（1） 外国人とのさまざまな体験を通して、コミュニケーションを図る活動を主とする

（2） 英語授業で学習したことを自然に試してみることができる

（3） 自分の英語が通じた喜び、満足感を味わうことができる

（4） 心と心の触れ合いがあり、相手を尊重する態度の育成を図る

（5） 未知の文化の一端に触れ、理解を深めることができる

▶ 国際交流活動の定義

外国人と触れ合う体験を通して、児童のコミュニケーション能力の育成を図るとともに、自分の新しい可能性を見つけ出す。

表4　1単位時間の基本的な流れ

流　れ	英　語　授　業（20分間）	国際交流活動（40分間）
動機づけ	1．Greeting（あいさつ） 　　教師が児童に"Good morning !" "How are you ?" "I'm fine."などの会話を使って，大きな声であいさつをすることにより，楽しい授業が始まることへの期待感を高める。 2．Warm up（ウォームアップ） 　　とくに，低学年においては，歌やダンスをすることにより，リラックスした気持ちで英語学習に取り組むことができる。	1．Opening（はじめの会） 　　ゲストを迎える簡単なセレモニーをしたり，ゲストが1人ずつ英語で簡単な自己紹介をする。
展　開	3．Review（復習） 　　前回の学習での復習が必要であると思われる場合は，英語を思い起こさせることによって，今回の授業とスムーズに結びつけることができる。 4．Presentation（新しい会話紹介） 　　新しい単語や会話を学習する場合は，ＡＬＴとＨＴの役割演技により，児童はどんな場面なのか，どんな会話を使うのかを考え，興味をもつことができる。 5．Practice（練習） 　　新しい単語や会話を使ったゲームをしたり，会話に慣れる活動をする。 　　また，練習が終了したら，何人かの児童が前に出て，成果を見せる。	2．Activity（活動） 　　ゲストと一緒にゲームをしたり，飲み物を飲みながら会話をしたり，その国のことについて話をしてもらったりする活動。 　　時間的に余裕がある場合は，2種類の活動が入ることが多い。 　　参道活動の場合は，はじめにマナーや安全に関する諸注意をし，終わりに人数確認や反省カードの記入を行う。
終　末	6．Greeting（あいさつ） 　　学習が終了したら，"See you." "Good bye."などを使ってあいさつをし，次回への期待感の持続を図る。	3．Closing（おわりの会） 　　ゲストは，簡単な感想を述べる。児童は，お礼の言葉を言うなど感謝の気持ちを伝えてから，ゲストを見送る。

▶ 国際交流活動の実際

（1）交流活動

　多数の外国人を招いて、学級・学年での活動に加わってもらい、外国の文化について理解したり、授業で身に付けた英語を生かしてコミュニケーションを図る活動、人と人との出会い、心と心の触れ合いを大切にし、児童も外国人も共に楽しめる活動を設定する。

（2）参道活動

　5・6年が行う活動。学校から徒歩1分とかからない表参道（成田駅と成田山を結ぶ通りで、土産物店、飲食店が多い）に出ていき、成田山観光に訪れている外国人に話しかけ、授業で身に付けた英語を使ってコミュニケーションを図る活動。学期1回程度実施する。

（3）ハッピータイム

　特別活動のうち、各学級年間1時間を「ハッピータイム」として位置づけ、突然の外国人ゲストが来校した場合、実施する。

［6］具体的実践例

（1）2年授業例「バーベキューをしよう」

　内容は、野菜や肉などの食べ物の言い方を学習し，自分の食べたい物を言ったり、相手の食べたい物を聞いたりする学習である。

　低学年では、よりリズミカルで楽しく活動できるよう、ダン

スや歌を取り入れている。

　ブラックボックスの中にある見えないものを使ってゲーム化する。子どもたちは「何が入っているのだろう？」と関心をもつので、自然に大きな声で "What is that?" と聞く。子どもたちの「聞きたい」という欲求をうまく引き出したゲームであり、楽しく学習を進めることができる。

（2）4年授業例「動物公園を案内しよう！」
　　動物園を想定した、英語での道案内である。
　　・第1週……"turn right (left)." や "go straight." "I'm looking for~." の言い方に慣れる。
　　・第2週目……第1週目での言い方を活用し、動物ストリートゲームをする。
　　・第3週目……道案内の言い方を練習し、動物公圏の案内ゲームをする。
　　・第4週目……道案内ゲームをする。
　　第1週目は、初めて聞く言葉も多いので、テンポのよいリズムに合わせながら声に出す。すると子どもたちはすぐに慣れてくる。
　　第2週目では、案内役とパズルを探す役に分かれる。"I'm looking for~." の言い方を使って、案内のとおりにパズルのピースを集めていきパズルを完成させていくゲームである。
　　第3週目は、動物公園の地図を使い、トイレや店、自分の見たい動物のいるところを言い、案内役が案内していくゲームである。
　　第4週目では、これまでの学習を生かし、学校のまわりの地

図を使って外国人役の友だちを目的地まで案内するゲームである。

（3）6年授業例 "Let's introduce!"
　内容は，成田に来た外国人に名産品や土産店などについて質問し、成田のよさを知ってもらう。また、質問した外国人のことを他の人に紹介する。
　　・第1週目……成田にある名産品や土産店の語句や "Have you ever seen~?" の言い方を知り、ビックカルタゲームをする。
　　・第2週目……見たことがある場合、ない場合の言い方を知り、ダイビングゲームをする。
　　・第3週目……これまで学習したことをもとに、外国人役の友だちにインタビューして、知り得た情報を紹介する。
　　・第4週目……外国人とインタビューゲームをする。
　高学年の発達段階として、「恥ずかしい」という気持ちが出てくる中で、自然に大きな声で楽しく学習できるようにゲームを工夫している。子どもたちが意欲的に学習するために、「体を動かす」ことを取り入れている。また参道を意識して、学習の場面設定をしている。常に自分が住んでいる成田の見慣れた風景の中で外国人と出会ったときのことをイメージできるようにしている。
　学習が進むにつれ、インタビューの仕方や紹介の仕方を学んでいき、学習の締めくくりとして実際の外国人にインタビューをする活動を設けている。
　ここで、「試してみよう」「通じるかな」という希望や不安を

もち、成功や失敗を体験することで、子どもたちがまた一つ「生きる力」を身に付けていくのである。

（4）3年交流活動例「ドキドキ・ワクワク・みんなで遊ぼう！」
　12人のフライトクルーや観光客、市内在住の外国人を招待し、多くの外国人とゲームや遊びを通して触れ合う活動である。ゲストと楽しく過ごす中でも、自分たちのために集まってくれたゲストの気持ちを考え、思いやりをもって接することをねらいとしている。
　始めに「ドレミの歌」でゲストを迎える。歌を取り入れることで児童の緊張感もほぐれ、和やかな雰囲気をつくっていく。その後、ゲストに挨拶し、ゲストの名前や出身国などの紹介を聞く。
　次にフリータイムの時間。子どもたちは自由にゲストのところへ行き、質問する。サイン帳を持参しており、話をするとサインをもらってくる。サイン帳にゲストのサインがたまっていくと子どもたちの意欲も高まり、たくさんゲストとかかわりをもとうとする。このとき、ゲストに失礼がないようアイコンタクトやビックボイスを忘れないように心がけさせる。
　メインの活動は、グループをつくり、グループに入ったゲストと交流する。ゲームでグルーピングをし、ゲストの話を聞いたり、ゲストの国で行われている遊びや歌、ダンスなどを一緒に行う。自分たちだけが楽しむのではなく、ゲストも気持ちよく過ごせるような気配りをもって活動を行う。

（5）5年参道活動例 "Welcome to Narita Part 1"

内容は、授業で学習した英会話を使って、成田山参道を訪れる外国人観光客や、フライトクルーに質問をするなど、自分から直接話しかける体験をする活動である。

ここでは、5年生になり、初めて参道へ出て外国人に話しかける子どもたちの活動での会話例を紹介する。

会話例……A：児童、B：外国人

A : Excuse me.

B : Yes.

A : My name is ○○ . What's your name?

B : Oh. My name is □□ .

A : May I shake your hand please?

B : Yes.

A : Nice to meet you.（握手しながら）

B : Nice to meet you, too.

A : What 〜 do you like? (When is your birthday?)

B : I like 〜 . (My birthday is 〜.)

A : Thank you. Have a nice day.

B : Good bye. See you.

---

⑤ 今後の課題

英語科を創設して4年目。英語授業の進め方や教材の開発、内容の見直しを進めてきた中で、今後の課題とされるのが「いかに子どもたちが楽しく、新鮮な気持ちで学習に取り組むことができるか」である。ゲームも数多く開発し、ある意味パター

ン化されつつある中で、常に主眼を児童に置き、子どもたちの学習意欲を喚起できるものを追い求めていくことが、これからの課題である。英語に「触れる・慣れる・親しむ」段階が子どもたちの中でも定着してきている中でこそ、原点に立ち返り、日本語にはない、英語特有のリズムや響き、言い方の違いに気づき、新鮮味がもてるような内容の工夫を考えていかなければならない。

　国際交流活動では、新学習指導要領を見据え、「総合的な学習の時間」とのかかわりの中での国際理解教育の方向性を探っていかなくてはならない。

　また、交流活動をする際の活動の場の拡大を図っていく必要がある。

⑥ 新指導要領へ向けての取組みの視点

　本年度、国際理解教育の一環としての英語学習に取り組んできているが、本校では、英語をツールとして外国人とコミュニケーションを図り人間理解や相手の文化を知るとともに、自己の表現力を深めていくことを主眼としている。

　新指導要領の改訂に伴い、新しく創設された「総合的な学習の時間」の中での英語科の取組みは、コミュニケーション能力と国際理解教育の関連が最大のテーマである。これまで取り組んできた英語授業をコミュニケーション能力の育成に位置づけ、交流活動等で接してきた外国人の出身国や伝統、文化などを調べ、深めていく活動を設けていき、異文化を理解するとともに、相手を尊重する態度を養っていく。実際に外国人と交流する際に、英語授業で培ったコミュニケーション能力と国際理

解活動で調べた内容を合致させ、英語科における「生きる力」
＝人権尊重の精神を養っていくことではないかと考えている。
　（以上、「成田小学校の実践」『学校授業づくり実践シリーズ』ぎょ
うせい出版より）

3　「小学校英語教育」への批判と「効果の評価」について。

　これまで見てきた「小学校英語教育（外国語活動）」に対して、
当然ながら、賛成、反対の考え方が出てきた。賛成論は「小学
校英語教育学会（JASTEC）」など、従来から「小学校英語教育」
を推進し拡大しようとしてきたグループである。それに対して
反対論を展開する研究者も現れた。ここでは、反対論ないし慎
重論を展開した大津由紀雄氏と鳥飼玖美子氏、寺沢拓敬氏の場
合を取り上げる。また、英語教育でもよく引き合いに出される
「臨界期」論に関する世界での多数の実験結果を渉猟して、「小
学校英語教育」について言及しているバトラー後藤裕子氏の所
論を紹介する。

（1）　「大津由紀雄・鳥飼玖美子」氏の場合

鳥飼玖美子氏の反対論
　「小学校英語（外国語）教育」が「総合的な学習の時間」の
中で行われることが1998年告示の小学校改訂学習指導要領に
明記され、2002年度から実施されることが決まると、急に「小
学校英語教育」についての議論が世間で湧き上がってきた。父

母（保護者）や教育関係者の多くは、すでにこの頃には既定路線として受け入れていたが、今まであまり発言しなかった英語教育関係者などが発言（多くは批判）しはじめた。批判の主な対象は当然ながら文科省、そして「小学校英語教育」を含む“早期英語教育”を期待する父母への批判だった。批判派の代表格は鳥飼玖美子氏だろう。

　鳥飼氏は2002年3月発行の『小学校でなぜ英語？』（大津由紀夫・鳥飼玖美子、岩波ブックレット No.562）の冒頭で、「当初から小学校への英語教育の導入に反対であったわたくしたちは、もっと早く、もっと積極的に反対の論陣を張るべきであったと猛省しています。」と述べている。鳥飼氏らは2002年度から実施される「小学校英語教育」に対して反対を表明したのである。ただし、この「小学校英語教育」が「総合的な学習の時間」の中で行われることを、鳥飼氏らはていねいに正確に説明している。しかしだからと言ってそれに賛成しているわけではない。私は鳥飼氏らの反対論に全面的に反対というわけではない。むしろ賛成する部分も多い。少し具体的に見てみよう。

　鳥飼氏らの反対論の中心は、「とにかく早く始めれば英語力がつく、などと根拠のない幻想に引きずられる前に、」（35p）とあるように、“早期英語教育”を唱える父母（保護者）や英語教育関係者への批判である。私も、「早く始めれば英語力がつく」などと単純には考えない。その意味では鳥飼氏らに賛成だが、この場合の「英語力」とは何か（どのような内実か）、小学校から始めるのが果たして“早期英語教育”なのか、などが検討される必要がある。

　先に結論から言えば、鳥飼氏らが考える“英語力”とは相

当高いレベルのようである。「地球市民英語」というよりは、native English すなわち生まれながらに英語を話す人（「母語話者」）で、しかもかなり教養の高い人の英語力を想定しているようだ。人間は赤ん坊の時から常に周囲から英語で話しかけられていれば、英語を覚えるし、発音も英語らしくなる。これは母語が英語になるということである。赤ちゃんは、口の動き、舌の動き、耳の動き、その他身体すべてで英語を受け入れているのである。両親が日本人でも、3歳や5歳頃からアメリカなど英語が常に話される環境に置かれれば、子どもの発音は英語らしくなる。これは口や舌の動きがまだ柔らかく、固定されておらず柔軟性（可塑性）があるからだろう。"早期英語教育"を主張する父母には、このような直接的ないし間接的体験が影響していることも多い。子どもの環境や受けた刺激（指導）によっては、発音のみならず発話能力も英語らしくなるだろう。しかし、このようなことを期待する"早期英語教育"と「小学校英語教育」とはまったく違うのである。

　「小学校英語教育」は、これまで日本では全国一律に中学1年生から始めていた公立中学校での英語授業を、小学校から始めるのだから、"早期化"で"革命的"といえるかもしれない。しかし、これは学校制度の改革であり、乳幼児期から始める"早期英語教育"とは違う。12歳で始めていた英語授業を、6歳なり10歳なりから始めるだけの話である。ただし、12歳と6歳ではいわゆる発達段階の違いがあるから、教育方法（教授・学習過程）にも違いがなくてはならない。英語教育関係者がよく口にする言葉としては"認知能力"の違いを踏まえる必要がある。

　すなわち、これまで中学1年生で始められてきた英語教育は、教育心理学者なりが想定する認知能力が、12歳程度まで発達していることを前提としている。それを前提として教科書が作られ、教育方法が考えられてきた。だから、認知能力が教育心理学者なりが想定する12歳まで発達していない子ども（中学1年生）は英語教育についていけない、英語ができないということになる。中学1年生レベルに要求される英語の認知能力レベルとは、英単語の綴りと発音が暗記できること、S+V、S+V+C、S+V+O、などが文型（文法）としてよりも文として暗記できること、人称や時制その他の文法事項、さらに2、3年生になると、態の変換（能動態　受動態）、直接話法、間接話法、など一種のアルゴリズム操作法や関係代名詞、関係副詞の理解能力などなど、があるのだろう。もちろん、日本語の能力、推理力、想像力なども関係するだろう。しかし、**これらは現行の"文法訳読法"という英語教育を前提としての発達段階論であり、教育方法である。英語教育の教育方法を変えれば、英語を学び始めるのにこのような認知能力レベルは必要ないかもしれない。**

　人間は何度でも"学び直し"ができる。——"クセ"は矯正しなければならないか
　鳥飼氏らは、「（小学校英語として）現在考えられているような限られた授業時間のなかで、英語の正しい体系を身に付けることは望むべくもないのですが、断片的な知識や技能が身に付いてしまうことは十分にありうることです」として、「小学校段階でゆがめられた英語の知識や技能が身に付いた場合、それ

を中学校段階以降に捨て去り（unlearn）、新たに正しい知識や技能を身に付けるのは至難の業であるという点です。」と述べている。これについても私は全否定する気はない。しかし、いささか古い考え方だと思う。

　確かに、1970年代に私が中学1年生を教えていた時にも、小学生の時に英語塾で英語会話を習った生徒が、授業中に盛んに英語の「断片的な知識や技能」を話したがった。私は当時一般的だった“文法訳読式”の一斉授業を教科書に則して行っていた。都内の下町の公立中学校だったせいもあり、当時英語塾に行っていた生徒はクラスに彼一人だけだった。元気な生徒でもあったので、教師の私としては授業を“かき乱されている”感じだった。他の多くの生徒も彼を持てあましていたが、冷たい扱いはしていなかった。彼は当然ながら、私の“文法訳読式”の授業に不満だった。そのうちに諦めたのか、彼はじょじょに私の授業に付き合ってくれるようになった。当時は学校（学級）内に“業者テスト”が侵入した最盛期で、私も“業者テスト”に追い回され、プレッシャーとストレスを強く感じていた。“業者テスト”をやっていると英語会話をやる余裕（ゆとり）などはなかった。

　私が鳥飼氏らの考え方を「いささか古い」というのは、一度獲得（学習）した知識や技能をその後に、「それを捨て去り（unlearn）、新たに正しい知識や技能を身に付けるのは至難の業であるという点です」と言っていることである。この考え方を“古い”という理由は3点ある。

　第1は、鳥飼氏らには動物行動学者のK・ローレンツらの“刷り込み（imprinting）”が念頭にあるようだが、ローレンツ

が観察したコクマルカラスやカモ類、ガチョウなどと違って、人間の脳の"可塑性（柔軟性）"はきわめて大きく、一度獲得された知識や技能は、完全にではないかもしれないが、忘却されたり新たな知識や技能にとって代わられたりすることができる。**つまり、人間は何度でも"学び直し"ができるのである。文法的誤りなどはどんなに自動化されるほど間違って覚えたとしても、人間は機械でないので自分で訂正できる（学習し直せる）。**ただし、鳥飼氏らは発音のいわゆる"クセ"なども問題にしているのだろう。私も台湾人や中国人、韓国人、タイ人などと日本語で話す機会は多くあったが、彼らに母語（母国語）の"クセ（母語訛り）"（日本語への母語の"干渉"）を指摘してもほとんど治らなかった。もちろん、意識的に治そうと努力して日本語らしい発音を獲得した人もいたが、彼らはいかにも一生懸命に日本語を話しているという感じで"ギコチナサ"は残る。

　第2は、上にのべたような発音の"クセ"は無理にでも治さなければならないのか、ということである。もはや多言を要さないだろうが、私が第Ⅰ章で述べたように、このような"クセ"は母語によっても、一人ひとりによっても異なる。それを個性というかどうかはともかく、英語なり日本語なりの"母語話者（モデル話者）"に近づけよう、真似させようというのは無理もあるし意義もない。**そもそも「地球市民英語」の時代に"母国語（英語）モデル話者"を設定すること自体が問題で、その発想がまさに"古い"のである。**

　第3は、教育方法に関することである。"発音"は「知識であり技能」だが、このような「知識と技能」が一体化した"ワ

133

ザ（技）"はたくさんある。野球でもサッカーでもほかのあらゆるスポーツでも、一人ひとりが"ワザ"を磨かなければならない。もちろん、ピアノでもバイオリンでも歌唱でも、書道でもスマホでも、一人ひとりの人間は"ワザ"を磨いて生きている。そのためには当然練習が必要である。昔は、職人は"ワザ"を磨くためにひたすら師匠の"ワザ"をモデル（型）として、それを何百、何千、何万回となく模倣する練習を重ねた。その伝統が日本のスポーツにも、稽古ごとにも、そして学校での勉強にも持ち込まれた。

　たとえば、野球でもサッカーでも、"基礎・基本"だとして、キャッチボールやパスの練習ばかりをさせられ、野球やサッカーのゲームの面白さを体験できないうちに面白くなくなり止めてしまう。日本では1970年代後半頃から、スポーツや部活動の考え方に変化が起き、それまでの、子どもに一定の型を作るためモデル（型）を模倣させ、何百、何千回という（反復）練習（ドリル）を課すのを止めるようになってきた。反復練習をさせる場合には、それぞれのスポーツに関係する（relevantな）練習が考えられるようになってきた。"体力づくり"だといって"ウサギ飛び"を何回もやらせるなどというのは"非科学的"とされるようになった。

　勝利を目的としていても、ゲームや練習そのものを"楽しむ"文化ができてきたといえよう。私はかつて「基礎練習」と「実践応用」との関係について次のように言ったことがある。「**基礎基本とは常に立ち戻るべきもの（こと）である**」と。「**基礎**」**と**「**応用**」**とは**"**行きつ戻りつ**"**するものだ、と私は考える。**「**基礎**」**から**「**応用・発展**」**へと**"**段階的**"**に考えるよりは、**「**基礎**」

と「応用・発展」の関係は"循環的（行きつ戻りつ）"と考えるのが大切なのではないだろうか。（宮原修「「基礎・基本」とは何かに関する基礎的・基本的一考察」日本基礎教育学会紀要4 1998年）

　発音という"ワザ"について言えば、現代ではスマホなりインターネットなりから流される"発音のモデル"がある。生徒がスマホやインターネットに向かって発音の練習をするのは普通のことになるだろう。しかも、大学入試に「話すこと」「聞くこと」が入るようになれば（もちろん私は反対だが）、そのような"発音熱"はヒートアップするだろう。しかし、ちょっと想像していただきたい。日本のすべての中学生、高校生、そして小学生もが、一日中パソコンやスマホに向かって一生懸命英語の発音のモデルを真似している姿を。これではまるで日本が英語を第二公用語とする国、ないしは英語を話す国の植民地になったような錯覚さえするだろう。日本人は今のところ幸いにも、英語を第二言語（second language）とするバイリンガルになる必要はない。だから本来英語をそんなふうに勉強（練習）する必要はないはずである。それをするなら"英語帝国主義""英語優越主義"を自ら認めていることになるだろう。なお、大津由起雄氏の「小学校英語」についての論（主張）は第Ⅲ章で検討する。

　〈人間の"可塑性"は脳の可塑性と深く関係する。塚原仲晃氏は『脳の可塑性と記憶』（塚原仲晃著、紀伊国屋書店、1987年）の中で、「可塑性は若い時期（主に「臨界期」といわれる時期を指す──宮原注）にあって、成人になると消失してしまうものであろうか。否である」

135

と言い、「この時期を逸しても刺激の効果がなくなることはないが、若いときに比べて、大変な努力がいることになる」と述べている。人間の脳についての本は、塚原氏のあとも伊藤正男著『脳のメカニズム』(岩波ジュニア新書、1986年)、池谷裕二著『進化しすぎた脳』(講談社ブルーバックス、2007年) など多数出ているが、人間の脳の可塑性についての見方は変わらない。つまり、人間はいくつになっても "学びなおし" ができるのである。なお、「刷り込み (インプリンティング)」とは、もともと、ノーベル賞受賞者の動物行動学者コンラート・ローレンツやティンベルヘンなどが、人間以外のある種の動物 (コクマクガラスや、カモ類など) が、生まれてすぐに身近にいる人間などを自分の親だと思ってしまうこと (刷り込み) を発見して名づけた言葉である。K・ローレンツ著、日高敏隆訳『ソロモンの指環』(早川書房、1984年) 他、多数の翻訳本がある。ティンベルヘン著、渡辺宗孝、日高敏隆他訳『動物の言葉』(みすず書房、1955年)〉

「小学校英語」で「英語優越主義」が獲得されるか

　鳥飼氏らは、小学校から英語の授業を導入することによって、「英語が他の言語に比べて優越した言語であるという考え方 (「英語優越主義」) を生徒たちが身に付けてしまう危険性が大きい」と指摘する。しかし、これは中学生から始めようとも出てくることだろう。実際、第Ⅰ章で見たように、戦後の日本では戦勝国の英語 (米語) を尊重するだけでなく崇拝さえした。鳥飼氏が英語を勉強して同時通訳を目指した動機が何だったかは分からないが、中学生から始まる英語への憧れのようなものを持っていたのだろう。これ自体は「英語優越主義」ではない

だろう。小学生が英語に憧れをもつのは悪いことではない。小学校学習指導要領では、小学校で「国際理解教育」、「外国語活動」として英語以外の外国語に“触れて楽しむ”ことも推奨されている。

　前にも述べたが、アメリカ人女性が中学1年生の英語の授業に来て、私の口の中に手を入れてまでLとRの発音の違いを矯正（強制）しようとした時は、多小大げさに言えば私の日本語の発音を取り去られる気がした。これは明らかに「英語優越主義」ではないだろうか。「英語帝国主義」とは全世界の言語・言葉を英語（米語）にしてしまおうというようなものだから、まさに帝国主義として世界を植民地化して英語（米語）を強制しない限り無理だろう。実際、イギリスやアメリカはそのようにして世界に英語を広げた。日本もアジア諸国民に日本語を強制したのである（32ページの関連図書参照）。

　日本で小学校から英語を教えるということは、英語帝国主義とも英語優越主義とも無縁でなければならない。「小学校英語」を受けた小学生は英語を外国語の一つとして受け入れ、中国語やハングルその他と同じ外国語として受容している。私たちの世代よりも、外国や外国人、外国語に対してはるかに開かれていると言えよう。鳥飼氏らは、日本児童英語教育学会の樋口忠彦氏らが、私立小学校や塾で1年間以上英語を学習した経験のある中・高・大学生と、そうした体験をもたない中・高・大学生を対象とした1500人規模のアンケートの結果、「小学校での外国語教育は、学習者の目標言語の学習および目標言語以外の外国語の学習に対する学習意欲を高めるとともに、外国の文化の価値観を理解し、お互いに学び合おうとする積極的な異文

化理解の態度を育成する上で、非常に大きな役割を果たすことは明らかである」とした調査結果を紹介している。鳥飼氏らはこの調査結果を批判的に見ているが、「小学校英語学習」を受けた小、中、高、大学生や社会人にアンケート調査を行えばこのような傾向は出てくるだろう（「非常に大きな役割を果たす」かどうかはともかく）。

〈"英語帝国主義"や"英語優越主義"については、山田雄一郎著『日本の英語教育』（岩波新書、2005年）、施光恒著『英語化は愚民化』（集英社新書、2015年）などが論及している。また、ダグラス・ラミス著、斎藤靖子ほか訳『イデオロギーとしての英会話』（晶文社、1976）は、別の角度から論及している。同書の中の「脱出——ボブ・ディラン論」は、ボブ・ディランがなぜノーベル文学賞を受賞したかについての有力な説明の一つになっている、と私は思う。〉

「これまでの英語教育」の効果の総括を

鳥飼玖美子・大津由紀雄氏は、「国際語としての英語」を目標英語とすべきとし、「世界の人々が自分なりの英語を駆使するべき」と主張している。「「World Englishes」の世界の中で「My English（私の英語）」を作りだし堂々と発信する、ということが求められます」とも述べている。このような主張は私が第Ⅱ章で述べてきたことと同じだろう。ただし、鳥飼氏らは、「英語を母語とする人にかぎりなく近い発音である必要はありませんが、意図したことを伝達するために最低限必要な発音の区別や文法を身に付けなければ、コミュニケーションという目的は達せられないということです」とも述べている。このような主

張は当たり前すぎて誰も反論しないだろう。私も賛成である。

　しかし、このような考え方のもとで行われてきたのが、これまでの日本の「学校英語」での"文法訳読法"だったのではないだろうか。つまり、中学校は英語の「基礎」を教授・学習するところだからということで、もっぱら教科書に則して発音や文法の暗記が求められてきた。単語は綴りと関係なく丸暗記が強制され、フラッシュカードなどで素早い反応が求められる。英会話は"悪いクセ"が付くなどと遠ざけられ、決まり切った会話だけを言わせられる。自由な会話などは許されない。英語の漫画や面白そうな文章を読むなどということはほとんどなく、教科書の文章を暗記させられるだけではなかったか。つまり、「基礎練習」ばかりで「実践応用」は高校に行ってから、ということではなかったろうか。鳥飼氏らは、そのような「これまでの("文法訳読中心")の英語教育」をどのように評価、総括するのだろうか。

　「これまでの英語教育」は、戦後1958年頃から30年間以上続けられてきた。それで日本人の英語力はどれほど向上したのだろうか。鳥飼氏が盛んに紹介しているように、鳥飼氏をはじめきわめて優秀な日本人英語通訳者が、学校では中学校から英語を勉強し始めたのは確かである。しかし、鳥飼氏も認めている通り、彼らが学校の英語授業以外でも、オリンピックに出るスポーツ選手や囲碁、将棋の大名人のような、とてつもない努力を重ねて、そのような英語力・日本語力を獲得したことも事実だろう。彼らは小学校から英語の授業を受け始めたとしても、同じ能力を身に付けただろう。彼らは平泉渉氏のいう"5％"の人間なのである。しかし、中学校から英語の勉強を始めた多

くの日本人は、それなりの努力をして高校、大学でさらに英語を学習しても、“英語ができない”という感想（“怨念”という人もいる）をもっている。それ故に“英語コンプレックス”を持ち、あげくのはては“英語優越主義”に陥ってしまう。まったく理不尽なことだが、このようなことを引き起こしたのが、つい最近までの「これまでの日本の英語教育」ではなかったろうか。

（2）　寺沢拓敬氏の場合

効果を量的（定量的）に見る、質的（定性的）に見る

寺沢拓敬氏は、「日本社会における外国語をめぐる政策・制度・言説」という視点から「小学校英語教育」に論及している。（寺沢拓敬著『小学校英語のジレンマ』岩波新書、2020 年。寺沢拓敬著「小学校英語政策の問題点」[藤原康弘他編『これからの英語教育の話しをしよう』ひつじ書房、2017 年所収]）

ここで少し回り道になるが、「効果を見る」ことについて一般的な話をしよう。「効果を見る」ということは、いろいろな場合に行われる。たとえば、スポーツのトレーニングＡとトレーニングＢでどちらが効果があるか、などという場合がある。「効果を見る」という場合、素人にも分かりやすいのが数値で出す測定という方法である。つまり数値を見れば、1 より 2 の方が多いということが分かる。数値が高い方が効果があると決めた場合は、2 の結果を出したトレーニングの方が効果があるとなる。「体力」を付けるためのトレーニングの場合、バーベルを50 キロ上げたトレーニングＡの方が、30 キロ上げたトレーニ

ングBより効果があった、ということになる。この場合の「体力」とは「バーベルを上げる力（筋力）」である。

　しかし、トレーニングの目的がバドミントンの試合で勝つこと、だとしよう。トレーニングBの方が、トレーニングAよりも常に試合で勝てるとしたら、トレーニングBがバドミントンで試合に勝つ目的には効果があることになる。もちろん、トレーニングAとトレーニングBの体力効果を同じ（バーベル挙げ50キロなり30キロ）にして、比較しなければならない、という論は成り立つ。つまり、体力が同じだとしたうえでトレーニングAとトレーニングBでどちらが勝利に効果があるかを見ることになる。この時のトレーニングは「体力」を見る（測定する）ためのトレーニングとはほぼ関係のない話になっている。つまり今度は、勝利に効果があったのはどのようなコーチ術（コーチング）なのか、ということになる。コーチングAとコーチングBとでは、バドミントンの試合に勝つのにどちらが効果があったのか、ということになる。ではコーチングAはコーチングBより何が優れていたのだろうか。選手の「素質」か、選手の「人柄」か、コーチの「教え方」か、コーチの「人柄」か、コーチの「作戦」か、などなどいろいろな要因が考えられる。それぞれについて分析的に見る（測定する）ことも可能だろう。

　しかしながら、「人柄」とか「作戦」とかは測定できないことが多い。そこで、「効果を見る」といっても、測定という数量的（定量的）に見るだけでなく、質的（定性的）に見る（評価する）、ということが行われなければならない。たとえば、同じ個人がコーチAとコーチBを受けたとき、AとBのどちらに「満足したか」とか「楽しかったか」などを聞くのは質的

研究である。ただし、この場合、5段階の尺度上を選んでもら
うだけ（例えば、大いに満足は5、普通は3、大いに不満は1）
ならば、量的研究となる。しかし、「どこに満足したか？」「な
ぜ満足したと思えるのか？」などをその個人に記述してもら
えば、質的研究になる。「楽しかったか」も同様に処理できる。
個人個人のホンネ（主観）を詳細に聞くためには質的研究が有
効だろう。

　個人の集まりである集団を対象とする時も、基本的には同じ
である。また、個人や集団を第三者の目すなわち傍観者、観察
者として、個人や集団が「満足したか」「楽しんだか」を評価
する場合も同じ方法をとれる。この場合も傍観者、観察者の「主
観」に依存する。自然科学の研究と違って、人間が絡む研究の
場合は量的研究でも質的研究でも、関係する人間の「主観」が
深く関与する。

　医学・薬学などで薬Aと薬Bでどちらが効果があるかを調
べる場合は、かなり複雑な実験を繰り返し、統計的な処理（量
的研究）もする必要があるだろう。さらには、薬Aと薬Bを
どのような患者個人にどのようなタイミングで投与するのが良
いかなど、臨床現場の医師の方法も重要となる。実験室実験、
動物実験と人体実験、臨床実験など、いろいろな研究（実験）
が考えられ、ときには"実験のための実験"、"研究（業績づくり）
のための実験"などに陥ることもある。教育実験はそのような
実験であってはならない。

　「教育の効果」を見るとは
　それでは「教育の効果」はどのように見れば良いのだろうか。

「教育」の効果の評価は、医学・薬学そのほかの自然科学の実験のような、方法（手順）や結果の厳格で厳密な評価は必要ないだろう。医学・薬学の実験は人間の生命（生死）に直結する。故に厳密厳格でなければならない。他の自然科学の実験の場合も物事の真偽を明らかにするためのものだから、厳格で厳密でなければならない。“客観性”が重視される。それに対して「教育の評価」は“ゆるやか”でよい、と私は考える。そもそも、「教育」はタテマエとして常に、“子どもにとって良いこと”を行っていることになっている。しかし、「教育」は常にイデオロギー（思想・信条、信念）の闘争の場でもある。“子どもにとって良い”ということが、実は“国家にとって良い”ということもある。たとえば、子どもの体力を付けるためといってバーベル挙げや騎馬戦などをするのは、“戦争の（準備の）ため”であったりする。人間が人間に行う「教育」には常にこのような「思想」、「哲学」の問題が付きまとう。

　そもそも「教育の効果」を評価しようとする場合には、「何のために評価するのか」が厳密に考えられなければならない。そのうえで、その評価をするためには「教育の何を」評価するかを決めなければならない。たとえば、「小学校英語教育」を評価する場合、「教師の教育方法（コーチング）」を評価するのか、「使われた教材教具（絵や漫画や歌や音楽やリズム体操や教科書など）を評価するのか、「教師自身」を評価するのか、「学習者の英語力」を評価するのか、「学習者の満足感、楽しみ感」を評価するのか、「学習者の授業への集中度」を評価するのか、などなどいろいろある。そのうえで、どのような実験をするか、観察だけですませるか、質問紙法（アンケート調査）をとるか、

など評価の方法もいろいろある。

先に結論ありき、の寺沢氏の評価

寺沢拓敬氏は「小学校英語教育」の効果を厳格厳密に評価したいようだ。寺沢氏は、「現時点では小学校英語の効果のエビデンスはありません。たしかにエピソードの類としては「効果あり」という話を聞きますが、信頼に足るエビデンスは欠いています」と言う。ここでのエビデンスとは、「一定の処方（薬や教え方・教材教具ほか）」を実施した時出た「結果（プロダクト、アウトカム）」から、「処方─結果」の因果関係を分析した結果（エビデンス）のことを言うのだろう。広い意味での科学的、実証的研究から導き出される証拠（エビデンスevidence）ということである。

寺沢氏にとっては、先に紹介したような前田隆子氏の授業観察や、日本児童英語教育学会員の「観察、分析」は「エピソードepisode」に過ぎないのだろう。それはよいとしても、寺沢氏は何のために「小学校英語教育」の効果を評価したいのだろうか。寺沢氏は、「1. 小学校外国語活動の必修を廃止する。　2. 小学校5、6年生に予定されている外国語科を廃止する。　3. 空いたリソースを中学校・高等学校の英語教育の振興に配分する」というような「改革プラン」を提言している。寺沢氏は、この改革プランを正当化し推進するためのエビデンスを必要としているのだろう。つまり少し厳しい言い方をすれば、先に、「小学校英語教育は良くない」という結論ありきで、その結論を正当化、合理化するためのエビデンスを集めているのではないだろうか。もちろん、前にせよ後にせよ、エビデンスがあって「改

革プラン」を出す事を私は否定しない。しかしそのようなエビデンスは他のエビデンスを探すなり、他のエビデンスと比較考量したエビデンスでなければならない。厳密さを求めるとはそういうことではないだろうか。

　寺沢氏に限らないが、「（英語）学力低下」を実証したなどという研究も、比較する結果の間の時間の経過や、教育内容の質的変化、教育方法の変化、出題問題の変化などを一つ一つていねいに比較分析せずに、単に全体の数量的な処理で結論を導き出している研究もある。

　実験室実験ではない教育実験で厳格なエビデンスを揃えるのは難しい。対象となる子ども・生徒群を均質にすることも、教師にわざわざ“悪い教育”をしてもらうこともできない。時間を止めることもできないので途中で“雑音”も入り比較はいよいよ難しい。そこで寺沢氏は、民間会社が行ったアンケート調査のデータをエビデンスとしたのであろう。そのデータとは「ベネッセ教育総合研究所「第1回　中学校英語に関する基本調査・生徒調査（2009年1－2月）」」である。調査対象の生徒が2009年1月の中学2年生だから、その生徒たちは2006年度以前に小学校で何らかの「小学校英語」を体験していたことになる。だから、体験の中心は「総合的な学習の時間」における「外国語（主に英語）会話等」である。「小学校英語」が必修にも教科にもなっていない時の小学生である。寺沢氏はデータを分析して図に整理している（図は省略するが、寺沢拓敬著『小学校英語』［岩波新書、2020年］の185ページに図7－2として掲載されている。）

　寺沢氏は、「この結果は、一応、小学校英語の効果を実証し

ていると言えなくもないですが、効果の強さに注目すると印象が変わるはずです。小学校で英語を学んでもたった偏差値が1－2ポイントほどしか成果が出ないということです。もちろん偏差値が1－2ポイント上昇したというのは状況次第では劇的な効果と言える場合もあります」とずいぶん回りくどい言い方をしている。寺沢氏がこのような言い方をするのは、この結果（数値）を素直に認めたくないからではないだろうか。数値（量）で示すということは、数値は数値としてそのまま受け入れるということである。1と2という数値を比べた時、2の方が大きいし、その差は1で2倍ということである。寺沢氏が分析した数値は全てプラス（＋）すなわち効果があったということである。この数値が少ないか多いかは、同様の調査をした他の数値と比較しなければ言えない。あるいは何らかの"目標値"なり"期待値"を示さなければならない。

　寺沢氏は何とか否定的な評価を導出したいためか、「学んだ時間」と「効果」との関係を分析した。「時間（量）」で効果を見ようとするのは量的研究の真骨頂とも言えるが、同じ練習（例えばウサギ飛び）を1時間やるのと2時間やるのでは効果にあまり差が出ないことが予想される。現代のトレーニング理論では、時間量よりも同じ時間の中でどのような質の練習をしたかの方が、効果に及ぼす影響が大きいことが分かっている。つまり質的研究が重要なのである。「小学校英語」も単純に時間量で見るのでなく、その時間の中でどのような英語が、どのように教え学ばれていたかを見ることが重要である。

　それはともかく、寺沢氏の時間量の分析においても効果は全てにおいてプラス（＋）である。もちろん「有意な差でなかった」

としても、無相関やマイナス相関ではなかった。しかし、寺沢氏は「かなり微弱な効果です」とまとめ、十分な総合的考察なしに「きわめてコストパフォーマンスが悪いと言えるでしょう」と数値と直接関係ない話をしている。そして寺沢氏は、「まとめると、小学校英語経験にごく微弱な効果は見られましたが、小学校英語導入に伴う莫大なコストに見合うほどの効果ではないと言うことです」と結論づけている。「莫大なコスト」がどうしても必要なコストで、どのくらいを莫大と言うのかの説明は一切ない。やはり、先に結論ありき、ではないかと言わざるをえない。寺沢氏は文科省の「小学校英語教育」導入を、先に結論ありき、と批判しているのだから、寺沢氏のこのような態度（方法）に私は違和感を覚えるのである。

　また、寺沢氏の「効果の評価」はもっぱらコストパーフォーマンス（コスパ）、すなわち「費用対効果」、「効率性」重視だと言わざるを得ない。"教育の論理"より"経済（政策）の論理"が優先していると言わざるを得ない。それは数値化（エビデンス）重視の評価が陥りがちな落とし穴でもある。

　数値化（エビデンス）に頼る危険性

　近年、寺沢氏に限らず、エビデンスに基づいて政策を決定すべきだという論が強い。エビデンスとは上で述べたように、主に数値で表される。例えば、「かなり効果がある」の「かなり」とはどのくらい（の量）か。5か3か1か、などとなる。「大きな効果がある」の場合の「大きな」とはどのくらい（の量）か。10か8か5か、などとなる。これなら、小学生でもわかるということだろう。

情報法政策が専門の工藤郁子氏は、2020年8月12日の朝日新聞夕刊のコラム「にじいろの議」に、「米国の科学史家セオドア・ポーターは、政治力のある部外者が専門家を疑うときに、「数値化」が進むと分析した。門外漢でも数値指標なら把握可能で、それに基づく決定は、非属人的で明確に見える。数値化は、公正と透明を重視する政治文化や、民主性や平等性の価値に根ざすものである。ただ、既知の問題ですら妥当な指標を絞るのは難しく、数値と判断の間隙に恣意は入りうる。数値化の進行が専門家集団の裁量と自律性を失わさせる点も注意しなければならない」と指摘している。最後の文章は特に重要だろう。

　じつは、「数値化」の流れは1960年代後半からの行動主義・行動主義心理学などから始まり、全ての学問に影響を及ぼしてきた。特に、学者（学問）が政治家や官僚（特に財務省）を説得して予算を得ようとするときの手っとり早い方法として「数値化」が使われがちである。寺沢氏は「小学校英語教育」の"必修化""教科化"を政治家、官僚に思いとどまらせようとして「数値化」を利用したのだろう。しかし、「小学校英語教育」を"必修"にするか"教科"にするかなどは、数値によるエビデンスだけで決められることではない。例えば、小学校で「音楽」や「体育」を必修にするか、教科にするかなどは、科学的エビデンスで決まったことではない。「算数」「国語」「理科」「社会」なども同じである。

　最後に一言付け加えると、寺沢氏は「ゆとり（教育）」を定義しないままに、「ゆとり（教育）」は失敗で10年で撤回されたなどと言っているが、何一つエビデンスをあげていない。結局「専門家集団（教育社会学者の一部）」の言説に寺沢氏が同

調して言っているようにしか私にはみえない。私は「専門家集団（教育社会学者の一部）」の「ゆとり」言説は誤りだと思うが本書では触れない。「ゆとり教育（勝手に付けられたこのネーミングが問題だが）」とは「学力軽視」ではない。「小学校英語教育」は「ゆとり（教育）」の一環であり、英語学力向上の一つの方策でもある。ただし、それが "ゆとり教育の英語" であるためには、後に述べる「トレーニング型」でなく、「プレイ型」であるべきだろう。

〈「教育評価」全般については、東洋著『子どもと教育評価』（東大出版会 UP 選書、1979 年）を参照されたい。また、"ゆとり教育"等について元文部官僚「個人」として教育の見方、考え方を披歴している寺脇研著『国家の教育支配がすすむ』（青灯社、2017 年）や前川喜平・寺脇研共著『これからの日本、これからの教育』（ちくま新書、2017 年）などを参照されたい。〉

（3）「臨界期」論と「小学校英語教育」
　　──バトラー後藤裕子氏の論に則して

「臨界期」論と「小学校英語教育」は関係がない
　「小学校英語教育」というと、すぐに「早期教育」とか「臨界期」などということが言われる。しかし、**現在日本で行われている「小学校英語教育」は「総合的な学習の時間」で行われようが、"必修化" になろうが "教科化" になろうが、基本的に「早期教育」とか「臨界期」とは関係がないのである。**音楽や体育などの「早

期教育」というのは、幼児のころから個人レッスンなどを中心に行われる教育である。日本語を母語とする日本人の親子が、幼児期から英語教育（訓練・トレーニング）に取り組めば英語の「早期教育」といえるだろう。「小学校英語教育」とは量（教授・学習時間や英語との接触量）と質（訓練ではない）からいっても「早期教育」とは言えない。

　一方、「臨界期」とは、動物行動学者のK・ローレンツのコクマルカラスやカモなどある種の動物（鳥類）の「刷り込み（imprinting）」の研究や、神経学者などの失語症の研究などから、人間が言語を獲得するのに影響を与える重要な時期があるのではないか、という考え（仮説）から、それが「臨界期（critical period）」と名づけられた。

　その後、欧米を中心に「臨界期仮説」を証明するためのたくさんの実験が考えられ行われてきた。言語習得研究者のバトラー後藤裕子氏はそのような実験を渉猟し、詳しく批判的に考察している（バトラー後藤裕子著『英語学習は早いほど良いのか』岩波新書、2015年）。私は、バトラー後藤裕子氏と考えを同じにするが、「臨界期」論と「小学校英語教育」は関係ないのである。「臨界期」研究の対象者（被験者）は、ほとんどが母語（母親や父親の言葉）とは異なる英語を使わないと、これから生活できない人間（幼児・子どもや大人）である。典型的にはアメリカへの移民の子どもである。あるいは、カナダや中南米、フィリピン、インドなどの人々も、生活のために英語を必要とする。だから、彼らが学ぶ英語は「第二言語（Second Language）」なのである。英語を母語と同等、あるいはそれ以上に使う頻度が多く、しかも英語を習得しなければ生きていけない環境におか

れた子どもや大人なのである。それに対して、多くの日本人に
とって英語はそのような「第二言語」ではなく「外国語（Foreign
Language)」である。

　バトラー後藤氏は、「臨界期仮説は、大量のインプットを受
けながらの、必ずしも明示的な言語指導を必要としない自然な
状況下での言語習得を前提としている」（135p）と述べている。
だから、「臨界期仮説」を証明するための実験は、そのような
条件に適合していなければならない。氏は「外国語環境はふつ
う、そのような条件を満たさない」と述べる。つまり、日本の
年間24時間程度あるかないかの「小学校英語教育」でも、週
3時間（40分×3）程度の中学、高校の英語でも、第二言語習
得の環境とはまったく異なるのである。

　バトラー後藤氏は、多数の実験的研究を渉猟したうえで、「第
二言語習得においては、臨界期という特定の時期があるかどう
かは別として、何らかの年齢的な制約があることは否定できな
い。言語分野別に、その制約の強さやパターンには多少違いが
あるようで、特に音声の習得においては、年齢的な制約が早い
時期からあると考えている研究者が多い。その一方で、後発で
習得を開始して母語話者に近いレベルに達した成功者の事例も
報告され、臨界期の存在を疑問視する研究者もいた。しかし、
後発で学習を始めて非常に高い熟達度に至るにはさまざまな内
的・外的要因を整える必要がありそうで、多くの人にとっては
ハードルが高い。こう考えると、やはり早くから始める方がい
いという気がしてくる。しかし実は、まだ研究例はあまり多く
ないのだが、こうした「早ければ早いほど良い」という考えは
外国語環境では支持されていないのである。むしろ、逆を支持

する報告も少なくない」と述べる。

　そのうえでバトラー後藤氏は、外国語環境（幼児英会話教室や幼稚園、小学校などで英語などの外国語を教え学ぶ）での実験結果をふまえて、「外国語環境では学習開始年齢ではなく総学習時間数が英語の熟達度（及び言語活動を行った際の脳活動）に関係している」と述べる。これは学習開始年齢が３歳なり６歳という早期でも、大人になってからでも、総学習時間数が多ければ英語の熟達度が上がることを意味している。つまり、その時には「外国語学習環境」が「第二言語学習環境」に近づいていることを意味する。日本人（に限らない）が、英語圏で日本人の親と住んで、日本語と英語のバイリンガルになるなどというのは、このような条件を満たしている時だろう。**要するに「総学習時間数」が問題なのである。もちろん、その総学習時間数の中でどのような質の教授・学習が行われるかも重要だろう。**

　世界での「小学校英語教育」の効果

　「小学校英語教育」の「効果」について、バトラー後藤氏は、「さまざまな国で行われた調査によると、小学校時代から外国語学習を始めた人の方が、それ以後に学習を始めた人より、外国語に対して好印象をもつ傾向があり、学習への動機づけも高くなる傾向がある。コミュニケーションへの意欲は複雑な要素から成り立っているが、これも年齢の低い方が高い傾向がある。多くの国で同じような報告がされていることを考えると、これは早期外国語学習のかなり有力なメリットといえるだろう」と指摘している。そして、次のように締めくくっている。少し長い

が引用させていただく。

> 第6章までの議論から、外国語環境では、学習開始年齢は
> それほど重要な要素でないことがわかった。学習開始年齢
> よりも、学習時間数と学習の質が習得の程度を左右する大
> きな要因になっている。つまり、むやみに幼いうちから学
> 習を始めても、それほど効率よく学習が進むわけではない
> ということだ。それよりも、質のよい学習をできるだけた
> くさん行うことが外国語の熟達度を高めることにつながる
> のである。では、外国語学習はいつから、どのように開始
> するのがよいのだろうか。筆者は、小学校段階での外国語
> 学習には意味があると考えている。しかし、やみくもに早
> く始めることに意義があるわけではない。あえて1年生か
> ら導入する必要はないだろう。韓国では、英語を一から二
> 年生で導入するより、三年生以降での時間数を増やした方
> が効果的だったという実証研究の成果をもとに、一年生か
> らの導入は行わず、三年生からの時間数を増やしたという
> 経緯がある。筆者は早期英語教育の大きな鍵は、インプッ
> トの充実と動機づけを高めることにあると考える。子ども
> の発達上の特性を考慮すると、三年生あたりからの導入が、
> 高学年または中学からの導入に比べて、より大きいメリッ
> トが期待できるだろう。（同書、172p）

　このバトラー後藤氏の主張に私は基本的に賛成である。ただ
し、韓国の1年生からの英語の授業がどのようなものだったか
は分からないが、「効果」を測る実証実験などを行っているの

をみると、韓国では１年生から「トレーニング（訓練）型」の授業を行ったのではないだろうか。

「トレーニング（訓練）型」教育法と「プレイ（遊び）型」教育法

　成田小学校での教育実験からも分かるように、**私は小学１年生からでも「プレイ（遊び）型」の授業（歌やダンス・リズム運動や交流会・あいさつその他）なら、教え学ばせる意味はあると考える。**小学校低学年では母語（日本語）の発音、発声などをしっかり教えるべきだという"ナショナリスト"は反対するだろうが。ただし私は、小学生から英語を教え込む「トレーニング（訓練）型」の授業はすべきでないと考える。１年生から英語（外国語）に"触れて楽しむ体験"（「プレイ（遊び）型」）をするのは、ささやかだがインプットを増やすことになるし、外国語に対して否定的印象をもたずに、後の学年での英語（外国語）学習の動機づけにもなるだろう。

　「トレーニング型」教育方法に対置される「プレイ型」教育方法は、小学校でも中学、高校、大学でも行われるのが望ましいと私は考える。「プレイ（遊び）型」というと、「ゆとり（教育）」と同じように誤解される恐れがあるので、ここで一言だけ付け加えておく。最近の新聞広告に、題名が「プレイフルシンキング（playful thinking）」という和製英語の本が出ていた。「プレイフルシンキング」とはたぶん、英語の「クリティカルシンキング（critical thinking）」から造語したのだろうが、宣伝文句には、「「どうやったらできるか？」を考え、ワクワクしながら仕事に取り組むための思考法」とある。私は子ども達に「（思考し、）ワクワクしながら英語の授業・勉強に取り組んで」ほ

しいと思い、「プレイ（遊び）型」教育方法を提唱しているので、それはまさに「プレイフルシンキング型」ということだろう。しかし、プレイフル（playful）の英語の原義は ful(full) が付いているように、「遊び好きな」とか「ふざけたがる」とか「滑稽な」という意味があるので、言葉としては「プレイ型」の方がよいだろう。「プレイ型」教育法の詳しい説明は、第Ⅲ章3で行う。

4 「子どもの言語習得」について
——英語と日本語の "距離"

　ここでは、そもそも人間（赤ちゃん・子ども）が英語であれ、日本語であれ、言語を習得するとはどういうことかを考えてみよう。そして、母語として日本語を習得した人間（多くは日本人）が、その後に英語を習得するにはどのような "壁" があるのかを、英語と日本語との "距離" という視点から考えてみよう。それにより、多くの日本人は何歳ころからどのように英語を学べばよいかが見えてくるのではないだろうか。

（1）赤ちゃんはどのように言語を習得するか

　赤ちゃんは「聞くこと」に優れた能力をもっている。他の動物と比べて、人間がどれだけ優れた聴力をもっているかはともかく、人間は歳をとるにつれて聴力が衰えていく。赤ちゃんは大人（特に老人）より耳が良いのは確かだろう。赤ちゃんは耳

で聞くだけでなく、全身で聞いているようだ。大人でも大音声を聞くと全身がふるえる。赤ちゃんは優れた聴力で周囲の人間（一番近くで頻繁なのは父母）の声を聞く。その声が「母語」となる。

　赤ちゃんは生まれ出る前10カ月ほど母親の胎内にいて、心臓を動かし呼吸もしている。その間、母親の心臓の鼓動や、母親が話すときの呼吸などの影響も受けるだろう。母親の声の振動やリズムなども受け止めている。胎内で聞こえる母親の声も「母語」といえるだろう。だから母語は外国語や第二言語とはまったくと言っていいほど違う。"言語間の距離"にはこのようなリズムの違いもある。日本語は平板なリズムと言われるように、強弱の波が強い英仏独語などインド・ヨーロッパ語その他の言語とは大きな"距離"がある。それだけに、日本人が英語のリズムを習得するのは難しい。当然ながら、そのリズムに乗って話される英語を「聞くこと」は難しい。しかし、前にも述べた通り、1960年代頃からはビートルズなどの音楽の流入や、幼稚園・保育園などの歌（唱歌）が西洋化したこともあり、日本人の話すリズム、スピードが英語化したことは確かだろう。日本人の親の言葉も赤ちゃんの言葉もそのようにして変化する。

　親・保護者が赤ちゃん・幼児に話しかけるにつれて、幼児は母語を覚えていく。その際、幼児はどのようにして親・保護者の言葉を聞いているのだろうか。以下では、両親・保護者の代表として「母親」という言葉を使いながら、簡単に整理してみる。

　赤ちゃんは、最初、「オギャア」などと声を発する。その後、母親の声かけ、話しかけに反応するようになる。主には目の動

きで反応するが、手や足そのほか全身を使っての反応もする。そこに母親と赤ちゃんとの“関係性”なり“意味空間”が生まれてくる。“意味空間”とは母親と赤ちゃんが同じ意味を共有できる空間・時間という意味である。ここで母親と赤ちゃんとの間でコミュニケーションが成立しているといえる。言葉によるのでない、身ぶりや表情（顔つき）などによるコミュニケーションである。そのとき母親はたいてい言葉かけ、声かけをするから、赤ちゃんは声が発せられる母親の口の方を見る。それを見て自分の口をモゴモゴ動かす赤ちゃんもいる。耳から聞こえる音（声）を、自分の口で発することができるのにも気づくだろう。赤ちゃんは、単語を覚えてから言葉を覚えるというよりは、“意味空間”の中で、母親が話す言葉を聞きながら、母親が怒っているとか、笑って喜んでいるとか、母親の話す言葉の意味を理会（「理解」には至っていないので「出会い」という意味を込めて「理会」とする）しているのではないだろうか。

　そうしているうちに、赤ちゃんと母親との間に「物・こと」が置かれるようになる。例えば「リンゴ」という「物」である。母親が赤ちゃんに「リンゴを食べる？」と聞くと、赤ちゃんは「うん」と言ったり、うなずいたりする。つまり赤ちゃんは母親から何かを食べさせられる、という意味を理会するのである。そして、「リンゴ」という「物」があることを理会し、「物」には名前もあることを理会するのではないだろうか。もちろん、その前に、母親からの話しかけ、声かけにより「自分」には「花子」という名前がついていることは理会しているだろう。「物」には名前があると分かると、赤ちゃん・幼児はいろいろな物の名前を聞きたがる。そのようにして「単語」を覚える。母親と

図3　赤ちゃんと父母など養育者とのコミュニケーション

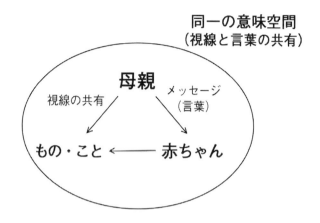

のコミュニケーションの中で、幼児は「単語」は単なる物の名前だけではなく、「単語」自身がいろいろな機能をもっていることも理会する。例えば、母親が「リンゴ」と言うだけで、「そこにリンゴがある」とか「リンゴを食べなさい」とか「リンゴをください」など、「リンゴ」にいろいろな意味があることを理会（「理解」に近い）する。そうなると、「リンゴ」という言葉は単なる単語ではなく、「文」としての意味をもつ。それを「一語文」と言っても良いだろう。「聞くこと」とは「単語」から様々な意味を汲み取ることでもある。以上のような赤ちゃんと母親（父親他の養育者も含む）の関係を図示すると図3となる。

（2）コミュニケーション能力の発達
　そのような中から、母親が「私が食べる」と話し、幼児が「私

が食べる」と話すことで、「文」が出来上がっていく。母親は「花子が食べる」と言い、花子が「私が食べる」ということもあるだろう。これを英語で言うと、S+Vの構造である。「私がリンゴを食べる」となればS+V+O文の成立である。赤ちゃん・幼児は、2歳頃にはこれくらいの言葉を駆使できる。

　赤ちゃんはこのような過程を経て、人間のどんな言葉でも「母語」として覚え駆使するのだろう。鳥類が空を飛べ、魚類が水の中を泳げるのと同じように、人類（人間）は言葉を使えるようにできている。ただしそれは上に概観したような過程を経験してできることだろう。「聞くこと」と「話すこと」はまさにコミュニケーションの過程そのものであり、「聞くこと」だけ「話すこと」だけで完結するものではない。一対一のコミュニケーション過程こそが大切なのである。「聞くこと」「話すこと」はそのような過程を経験することで育てられる。それは母語であろうが第二言語であろうが外国語であろうが変わりない。それなくして「コミュニケーション能力」の育成は不可能である。

　以上のような「コミュニケーションの発達の諸相」を図示すると、次ページの図4となる。以下簡単に説明する。

　この図全体を人間の発達的観点からみれば、フェイズ（phase）1は乳幼児期に見られる「同化」と言ってよいだろう。赤ちゃん（主体A）が大人（父母など養育者、主体B）の意味世界に入り、意味世界を大人と共有してコミュニケーションをしている状態である。フェイズ2は乳幼児（主体A）がじょじょに自我を発達させるにつれて、自分自身の意味世界を持ち始め、少年少女として父母（主体B）と異なる意味世界を形成しつつある状態である。「異化」と言っても良いだろう。フェイズ3は

図4　コミュニケーションの発達の諸相

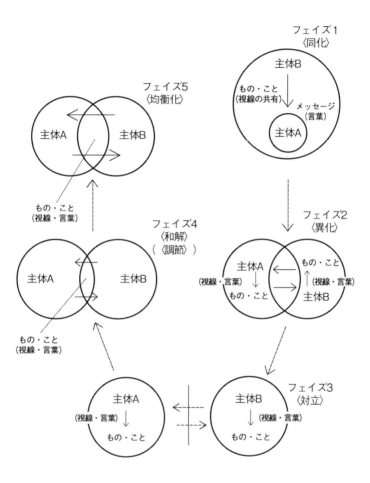

子ども（主体A）が青年期に入り“親離れ”をして、父母（主体B）と完全に異なる意味世界を形成する状態である。「かい離（離反）」と言ってもよく、いわゆるディスコミュニケーション（discommunication、コミュニケーション不能）の状態である。フェイズ4は子ども（主体A）と父母（主体B）がコミュニケーションを再開しだし、互いの意味世界を共有するためにそれぞれが「調節」しだす状態である。「和解」に向かう過程とも言える。フェイズ5は子ども（主体A）と父母（主体B）がお互いの意味世界の違いを認め合い、コミュニケーションを深めあう状態である。これを「均衡化」といってもよいだろう。

　他方、これは国家同士の関係にも当てはまるだろう。フェイズ1は国家Aが国家Bの占領地ないし植民地として完全に従属させられている状態。フェイズ2は国家Aが国家Bからの独立を試みる状態。フェイズ3は国家Aと国家Bが完全に敵対する状態。極限は戦争状態。フェイズ4は国家Aと国家Bが歩み寄り（関係改善）を始める状態。フェイズ5は国家Aと国家Bが互いの違い（主張）を尊重し合い、対等にコミュニケーションを行う状態である。このような国家間の関係は一般的な人間（友人）関係にもあてはまるだろう。友人関係の場合、フェイズ3は「けんか」や「いじめ」や「絶交」などになる。

　このような交信（コミュニケーション）のあり方は、言語が違っても地球上のあらゆる人間（言語）集団に共通ではないかと私は考える。“言語の起源”については昔から諸説あるが、人間は一人で生まれてくるのではなく、生まれて母親と父親という仲間に加わる。すなわち人間は仲間の内で育つのである。人間の赤ちゃんは一人では生きられない。最初は家族内で何ら

かの交信があり、そのうち家族同士が仲間になり集団ができ、集団が採集や狩猟などの協同作業（労働）をした際、誰かが "go" という音声（叫び）を発し、他の仲間が走り出し獲物を捕まえたという成果（結果）を出した時、"go" という音声は意味を持ったことになる。つまりコミュニケーション（交信）の道具となったのである。その "go" はそれ以後、命令を意味する言葉（道具）として定着するだろう。その後は「Let's go.」になったり、"I go." になったり、"Father go(es)." になったりと、言葉が分化し拡大していったのではないだろうか。

　以上は私の仮説だが、いずれにせよ、言葉の分化、拡大によって、人間が個人の中（脳）に蓄積する（記憶される）言葉は、「内言」（旧ソ連の心理学者ヴィゴツキーの用語）として個人の思考の道具（手段）としても使われるようになった。「内言」とは、個人の身体（主に脳）の中に言葉を軸として関連するイメージ、想像、推測（連想）などが混在している状態を言い、現在の認知心理学の用語で言えば「スキーム（マ）」（ある事柄についての認識の枠組み、すなわち「知識のシステム」）ということになるだろう。「内言」とは、個人の身体内に蓄積された思考の中味ということもできよう。

　「内言」に対して人間が外に向かって発する言葉をヴィゴツキーは「外言」と言ったが、**「内言」と「外言」の関係を氷山に例えれば、海面（外）に出た氷山の部分を「外言」と言い、外に見えない海中に沈んだ氷の部分が「内言」ということになるだろう。思考の "深さ" "浅さ" とは、この氷山の大きさを言うのだろう。**個人から出てくる「暗記・引き出し型」の外言（発話・言葉）は個人の "浅い思考" の外在化であり、「経験・創造型」

の外言は個人の"深い思考"の外在化とも言えよう。思考の"深
さ""浅さ"の程度は、個人の中での「言葉、イメージ、推測力、
想像力など」の"ブレンド"の程度によるとも言えよう。

　いずれにせよ、言葉は人間のコミュニケーションと思考の重
要な道具の一つとして発達したのだろう。

　〈旧ソビエト連邦の教育心理学者のヴィゴツキーは『思考と言語』
（柴田義松訳、明治図書上下、1971年）の中で「内言」について深
い考察をしている。彼は人間がふつうに発声する言葉を「外言」と
した。「外言」がそのまま「内言」になるのでもないし、「内言」が
そのまま「外言」になるわけでもない。スイスの心理学者ジャン・
ピアジェ（Jean Piaget）は、実際の生活場面での子どもの観察に基
づいて児童（子ども）心理学の理論体系を構築したが、アメリカの
認知心理学者ジェローム・ブルーナー（Jerome Bruner）はピアジェ
の方法に学びながら、赤ちゃん・子どもと母親（養育者）との相互
作用を観察研究し、「コミュニケーションからことばへ」という的
確な表現で子どもの言語発達について記述した（J.S.ブルーナー著、
寺田晃、本郷一夫訳『乳幼児の話しことば』新躍社、1988）。なお、
宮原修著「ピアジェ理論と子どもの美術教育」（波多野完治監修『ピ
アジェ理論と自我心理学』国土社、1983年 所収）は、子どもの描
画を通して子どもの自我（主体）の発達について考察した。〉

（3）英語と日本語の"距離"

　それでは、このようなコミュニケーションと思考の道具であ

る言葉のあり方が、日本語と英語ではどのように違っているのだろうか。その違いが日本語と英語の"距離"である。まず、二語文は英語は、"I go." "I eat." のように S+V である。文法の間違いを無視すれば、"Mother go." "Mother eat." で意味は通じる。"You go." でも "You eat." でも通じる。日本語でも幼児が「私　行く」とか「私　食べる」で意味は通じる。しかし、日本語はこのままでは許してくれない。「私　行きます」とか「私は行きます」とか「私が行きます」と訂正されるのである。そして、「は」と「が」の違いまで指摘される。さらには「言葉使いが乱暴だ」と、「倫理」の問題まで指摘される。そこには日本の伝統的な"言霊思想"も影響しているのだろう。

　英語の場合は、"Mother go." とか "Mother eat." などと言っても、日常会話の中でいちいち訂正する人は、近年は少ないのではないだろうか。学校の先生は別かもしれないが。小さな間違いを無視すれば、英語の方がはるかに単純（シンプル）なのである。SVO の場合でも、"I go home." "I eat apple." で意味は通じる。もちろん、文法的ないろいろな注文は付けられるだろう。日本語では、「私　おうち　帰る（行く）」とか「私　リンゴ　食べる」では許してもらえない。「私は家に帰ります」とか「私はリンゴを食べます」と訂正される。ここには単に助詞の使い方だけでなく、「ていねい（語）」という「倫理」の問題まではいる。「俺　帰る」「俺　リンゴ　食う」では駄目なのである。日本語はなんと難しいのだろう、と外国人日本語学習者は苦しむだろう。

　ただし、近年の日本人は外国人に対してこのようなことをあまりうるさく言わなくなった。その結果、自信をもって「間違っ

た日本語」を使う外国人も増えた。それによって日本語が普及していることは確かだろう。もちろん今日でも、頑固な日本語教師は「間違った日本語」を許さないだろう。日本語の特徴を教えるのは大切だが、「です・ます」や敬語の強調などは、外国人の日本語使用を委縮させると同時に、外国人に上下関係を過度に意識させ、外国人を抑圧的で服従的な関係に置くことになりかねない。日常会話の日本語としては、「ていねい語」までで十分だろう。

　日本では、『おしん』に代表されるように、子どもは大人の話をひたすら聞くことがほぼ強制されてきた。それが子どもの「しつけ」ともされた。子どもが大人に向かって反対のことを言うのは「生意気だ」とされた。「子どもは黙ってろ！」と言われた。まさに子どもに対する文化的抑圧だった。それに対して、アメリカの映画などで時々見られるが、小さい子どもに対して大人が同じ言葉（英語）で対等に話している場面がある。まさにコミュニケーションをしているのである。もちろん、アメリカでも子どもに対する親の暴力は絶えないだろう。日本でも親の暴力は絶えないが、近年は子どもと対等なコミュニケーションをとろうとしている若い親が増えていることも事実である。「子どもの権利条約」にもあるように、日本語でも英語でも子どもの「話すこと（スピーキング）・表現」は尊重されなければならない。

　〈イギリスの教育社会学者のB・バーンスティンは、イギリスの「階級、Class」について述べた中で、子どもの言語発達を親の使う言葉との関係で論じた。彼は親子の間で使われる言葉を「限定化コー

ド」と「精緻化コード」に分類した。例えば、親が子どもに対して
「Stop!」と言う時、下層階級の親は理由も言わずただ「Stop!」「Stop!」
「Stop!」を繰り返すだけだが、中上層階級の親は「Stop!」と言って
から、「because, ...」と理由を言って子どもを諭す。バーンスティ
ンは前者を「限定化コード」による会話（コミュニケーション）、
後者を「精緻化コード」による会話と分類した。彼は、親が「精緻
化コード」を使うことで子どもは「because, ...」という言い方を
覚えるし、因果関係など理性的に物事を考える認知能力の発達にも
つながると考えた。詳しくは、宮原修「イギリスの言語教育の最近
の動向」（雑誌「教育」、国土社、1976 年、12 月号、49 〜 56 ページ、
所収）や、河野重男・宮原修著「バーンスティン「社会階級・言語コー
ド・統制方式」」（外山滋比古編『ことばと教育』講談社、昭和 56［1981］
年 所収）、宮原修「ことばの教育」（『教授学研究8』国土社、1978 年、
所収）などを参照されたい。〉

英語はセロテープ型、日本語は風呂敷型

　ところで、英語と比較した日本語の特徴は、「風呂敷型」だ
と私は考える。それに対して英語は「セロテープ型」だと思う。
それを簡単に説明しよう。まず日本語の文だが、「私は花子が
行くと思う」という文は、「私は思う」と「花子が行く」とい
う二つの文で構成されている。「花子が行く」という文を「私
は思う」が包んでいるのである。「私は思う」の中に「花子が
行く」を入れているのである。だから「入れ子構造」という言
い方もできるだろう。いずれにせよ、「私は　X　思う」とな
り、X には単語も文も入る。単純な例を挙げれば「私はリンゴ
だと思う」などがある。「私は父親だと思う」となると、いろ

いろな解釈ができ曖昧さが増す。もっと複雑な文になると、例えば、「私は花子が太郎が私はあなたの友達だと言うのを聞いたと聞いた」となる。ここには3つの文（X）が包まれて、全部で4つの文で構成されている。このように、風呂敷でいくつも包めるのが日本語の特徴の一つである。「重箱」とか「寄木細工」のようだとも言えるかもしれない。だから、日本語は最後まで聞かないと話の結論が分からないと言われる。「回りくどい」とも思われる。

　それに対して英語の文は、例えば、I have a dog whose name is Taro which I like very much. は3つの文から構成されているが、最初から最後まで直線的に繋がれている。その繋ぎの役目を果たしているのが関係代名詞である。前に、教育実習生への私の拙い"モデル授業？"を紹介したが、関係代名詞は文と文を繋ぐ役目を果たし、表に見えなくてもよい。だから私は、英語の一つの特徴を日本語の「風呂敷型」に対して「セロテープ型」と名付ける。**肝心なことは、英語の文は最初から最後まで直線的に繋がれるということである。**もちろん回りくどく英語を言う人もいる。しかし文の基本構造は変わりない。**だから、英文を読むとき、聞くときは、次へ次へと意味（文字、音声）を追いかけていけばよい。**「ナニナニするところのナニナニ」などと関係代名詞を訳す必要はない。話すときも、つぎつぎに文を繋いでいけばよい。このような考え方はコミュニュカティブアプローチ（communicative approach）につながる考え方だろう。「私は花子が行くと思う」は I think Hanako (will) go. でよい。「私は太郎はリンゴが好きだと思う」なら I think Taro like(s) apple(s). でよい。I think Taro like(s) apple(s) and he eat(s) every day. などと、and や because などを使ってどれだけ長い文を作れるか「言葉遊び」をしてみるのもいいだろう。

　このように、日本語を「風呂敷型」、英語を「セロテープ型」ととらえると、日本語と英語の距離はきわめて大きいといえるだろう。**日本語は平板な発声（モノトーン）なのに対して、英語はリズミカルに発声する**ことが求められる。歌をうたう場合も、日本の歌は「君が代斉唱」に代表されるように、直立不動の姿勢で歌うことが要求されることがある。これは明らかに身体拘束であり、身体に対する抑圧である。身体が硬直した状態では声も出てこない。（日本の歌が戦後変わったことについてはすでに述べたが、「君が代」だけは戦前のままである。国歌が時代や国民の感覚と合っていないのである。「君が代」は日本の古い歌の一つとして学ばれるだけでよい。）それに対して、英語の歌の場合は、とにかくリズミカルに身体を動かして歌うのがよい。身体を解放しないと歌えないとさえ言える。英語でリズムが大切なのは、一つ一つの単語のアクセントの強弱の場合も同じである。だから英語は怖がらずに大声を出すのがよい。

　英語の文章には日本語の句読点に当たるコンマが少ないので、文章をどこで区切るかが大切である。それがパンクチュエイション（punctuation）で呼吸の息継ぎであり、文章の意味の切れ目である。日本語でも"棒読み"をすると、「ベンケイガナギナタヲモッテ」となるが、句読点があるので「弁慶が、ナギナタを持って、」と発声できる。英語では話すときも、読むときも、パンクチュエイション（息継ぎ・区切り）がきわめて大事だ。それが英語文章全体のリズムを作り、意味を明確化する役目を果たす。英語の教授・学習過程で常に強調される必

要がある。

英語の文字と日本語の文字

　最後に文字について言えば、日本語の文字は、中国から漢字が輸入されたのに始まる。その後、万葉仮名やカタカナも発明されたが、今は漢字仮名交じり文で日本語の文字の中心はひらがなと漢字である。漢字は表意文字である。つまり、漢字は単語の意味を表しているが音声を表していない。だから、漢字の発音（読み方）は丸覚えするしかない。そこで、「石井式漢字学習法」のような、画用紙に一字一字漢字を書いて、フラッシュカードとして子どもに発声させる（読ませる）方法が考案された。幼稚園の子どもでも先生の後についたり、他の子どもの真似をして発声する（読む）のである。

　それに対して英語は、第Ⅱ章2で述べたようにabcのアルファベット26文字の音がベースになって単語が作られている表音文字である。だからabcそれぞれの"残滓""断片"を探せば何とか読めるようになる。そこからいろいろな発音が作られるのである。個人方言、地域方言、国別方言など、同じ単語でもいろいろな発音が作られる。英語の単語をフラッシュカードで教えるのは、速読なり反射神経強化には役立つかもしれないが、英語嫌いになる子どもを作ることにもなる。英語はすべて暗記だという変な先入観を与えることにもなる。幼稚園児や保育園児などに漢字の丸暗記を強いるのも、漢字嫌いを生みかねない。漢字の早期教育は有害なだけである。漢字は"偏とつくり"からなることなどを、じっくりと教えていくのがよい。

　英語の文字（abc）も初めて学ぶ子どもにとって易しいもの

ではない。大人は学校で abc の文字をすでに学習しているから
簡単だと思うかもしれないが、大人がアラビア語やタイ語の文
字、あるいはハングルの文字などに初めて出会ったら目が回っ
てしまい、どこからどう書いたらよいかまったくわからないだ
ろう。同じことは abc に初めて出会う子どもにも起こっている
と考えた方がよい。私が教えた中学 1 年生にもどうしても abc
を書けない子どもがいた。結局、1 対 1 で時間をかけてワーク
ブックをなぞったりして教えたが、すごく時間がかかった。発
音するのと同じような抵抗感があったのだろう。

　最初のころは"逆さ文字"も多い。だから、私は小学校で急
いで英語の文字を教えるのはよくないし必要ないと考える。小
学校では全員が日本語の文字、文章をしっかりと書けるように
すべきである。**「小学校英語教育」は、あくまで、音声、発話
だけ（オンリー）で行くべきである。**もちろん、今の子どもは
パソコン、スマホなどで abc も見慣れていて、入力できる子ど
ももいるだろう。しかし abc の文字や単語の綴り（スペル）な
どは中学 1 年生でしっかり、じっくりと教えるのがよいだろう。
何よりも子ども（中学 1 年生）自身が、自分で英語を書く練習（プ
ラクティス）をいっぱいやらなければならない。これこそ新し
い世界（外国語）との出会いになるだろう。

　さて、このように見てくると、日本語と英語の"距離"がい
かに大きいかが分かる。日本人の 90％以上の子どもにとって
は、最初の英語の学習は、日本人の大人が中国語や韓国語を学
習する以上の負担となるだろう。文字、発音、文法、すべて違
うのである。**日本の子どもが学校で学習する英語の負担（"苦痛"
ともなる）の重さを、大人、特に学校の英語専任教師は深く自**

覚すべきだろう。

　EU（ヨーロッパ連合）の中での、インド・ヨーロッパ語内での相違（言語間距離）とはまるで違うのである。EUにおける「複言語主義」とは、EU国内の言語を英語やフランス語だけに統一しようというのでなく、それぞれの国の言語（方言を含む）を大事にして尊重しつつ、英語を「共通語」にしようという試みであろう。"英語（仏語）帝国主義"を否定する考え方である。だからそこで使われる英語は「地球市民英語」となる。EU内の英語を母語としない国の人々が、英語と接触する時間や量の多さは日本人とは比べ物にならない。彼らにとって英語はまさに生活に必要な「第二言語」なのである。それに対して日本人は普段の生活の中で英語を話す人と接する機会はほとんどないしその必要もない。だから日本人はEU内の人々やイギリス人、アメリカ人のような英語ができる必要はない。そのような英語の達人は平泉氏の言う日本人の"5％"で十分だろう。もちろんあなたが"5％"の英語の達人を目指すのは素晴らしいことである。

　〈赤ちゃん（乳幼児）についての研究は、松田道雄氏の『私は赤ちゃん』（岩波新書、1960年）『私は二歳』（岩波新書、1961年）から現在まで、多様な視点から多数出版されている。以下に一例としてあげておく。毛利子来著『新エミール』（筑摩書房、1979年）、三木成夫著『胎児の世界』（中公新書、1983年）、下條信輔著『まなざしの誕生』（新躍社、1988年）、無藤隆著『赤ん坊から見た世界』（講談社現代新書、1994年）、小西行郎著『赤ちゃんと脳科学』（集英社新社、2003年）、ジャック・メレール／E・デュプー著、加藤晴久・

増茂和男訳『赤ちゃんは知っている』(藤原書店、2003 年)、アリソン・コプニック著、青木玲訳『哲学する赤ちゃん』(亜紀書房、2010 年)、開一夫著『赤ちゃんの不思議』(岩波新書、2011 年)ほか多数ある。ヨーロッパ内での言語の多様性については、田中克彦／ H・ハールマン著『現代ヨーロッパの言語』(岩波新書、1985 年)に詳しい。〉

第Ⅲ章
日本の英語教育はどうあるべきか

1　「平泉・渡部論争」から考える。

「平泉試案」とは

　ここで、第Ⅰ章で簡単にふれた「平泉試案」について検討してみよう。「平泉試案」とは昭和49（1974）年4月18日付けで、当時の自由民主党政務調査、国際文化交流特別委員会副委員長だった平泉渉参議院議員が出した提言である。正式名称は「外国語教育の現状と改革の方向─ 一つの試案─」である。これは日本の学校での外国語教育への大胆な批判と改革提言であり、歴史的な文書と言ってもよいだろう。発表当時は「平泉・渡部論争」などもあり、世間の注目を集めたが、今ではほとんどの日本人は知らないだろう。ゆえにこの際、全文（平泉渉／渡部昇一著『英語教育大論争』文芸春秋、1975年より引用）を提示しておこう。

　外国語教育の現状と改革の方向 〜一つの試案

自由民主党政務調査会
国際文化交流特別委員会副委員長
参議院議員　平泉　渉

わが国における外国語教育は、中等教育・高等教育が国民のごく限られた部分に対するものでしかなかった当時から、すでにその効率の低さが指摘されてきた。旧制中学・旧制高校を通じて、平均八年以上にわたる、毎週数時間以上の学習にもかかわらず、旧制大学高専卒業者の外国語能力は、概して、実際における活用の域に達しなかった。

　今や、事実上全国民が中等教育の課程に進む段階を迎えて、問題は一層重大なものとなりつつある。それは第一に、問題が全国民にとっての問題になったことであり、第二に、その効率のわるさが更に一段と悪化しているようにみえることである。

　国際化の進むわが国の現状を考え、また、全国民の子弟と担当教職者とが、外国語の学習と教育とのために払っている巨大な、しかもむくわれない努力をみるとき、この問題は今やわが文教政策上の最も重要な課題の一つとなっているといわねばならぬ。

一、高度の英語の学習が事実上全国民に対して義務的に課せられている

　国民子弟の九割以上が進学する高校入試において、英語が課せられない例はほとんどない。また国民子弟の約四分の一が進学する大学入試においても英語が課されない例は極めて少ない。

　これらの結果として、事実上、国民子弟の全部に対して、六年間にわたり、平均して週数時間に及ぶ英語の授業が行

われている。そして最終学年である高校三年における教科の内容ははなはだ高度なものである。

二、その成果は全くあがっていない

　ひとり会話能力が欠如しているというのではない。それはむしろ外国語の専門家としての特別の課程を進むものについてはじめていい得ることであって、国民子弟の圧倒的大部分についてみれば、その成果は到底そのような域にすら達していない。卒業の翌日から、その「学習した」外国語は、ほとんど読めず、書けず、わからないというのが、いつわらざる実情である。

三、その理由は何か

　1　理由は第一に学習意欲の欠如にある。わが国では外国語の能力のないことは事実としては全く不便を来さない。現実の社会では誰もそのような能力を求めていない。
　　　英語は単に高校進学、大学進学のために必要な、受験用の「必要悪」であるにすぎない。

　2　第二の理由としては「受験英語」の程度が高すぎることである。一般生徒を対象として、現状の教育法をもって、現行の大学入試の程度にまで、「学力」を高めることは生徒に対してはなはだしい無理を強要する

ことにほかならない。学習意欲はますます失われる。

3　第三の理由は英語という、全くわが国語とは語系の
異なる、困難な対象に対して、欧米におけると同様な
不効率な教授法が用いられていることである。

四、検討すべき問題点

1　外国語教育を事実上国民子弟のすべてに対して義務
的に課することは妥当か。
2　外国語としてほぼ独占的に英語を選んでいる現状は
妥当か。
3　成果を高める方法はないか。

五、改革方向の試案

1　外国語は教科としては社会科、理科のような国民生活
上必要な「知識」と性質を異にする。
　　また数学のように基本的な思考方式を訓練する知的
訓練とも異なる。
　　それは膨大な時間をかけて修得される暗記の記号体
系であって、義務教育の対象とすることは本来むりで
ある。
2　義務教育である中学の課程においては、むしろ「世
界の言語と文化」というごとき教科を設け、ひろくア
ジア、アフリカ、ヨーロッパ、アメリカの言語と文化

とについての基本的な「常識」を授ける。同時に、実用上の知識として、英語を現在の中学一年修了程度まで、外国語の一つの「常識」として教授する。（この程度の知識ですら、現在の高校卒業生の大部分は身につけるに至っていない。）

3　高校においては、国民子弟のほぼ全員がそこに進学し、事実上義務教育化している現状にかんがみ、外国語教育を行う課程とそうでないものとを分離する。（高校単位でもよい。）

4　中等教育における外国語教育の対象を主として英語とすることは妥当である。

5　高校の外国語学習課程は厳格に志望者に対してのみ課するものとし、毎日少なくとも二時間以上の訓練と、毎年少なくとも一カ月にわたる完全集中訓練とを行う。

6　大学の入試には外国語を課さない。

7　外国語能力に関する全国規模の能力検定制度を実施し、「技能士」の称号を設ける。

六、外国語教育の目的

　わが国の国際的地位、国情にかんがみ、わが国民の約五％が、外国語、主として英語の実際的能力をもつことがのぞましい。

　この目標が実現することは将来においてわが国が約六百万人の英語の実用能力者を保持することを意味する。

その意義は、はかりしれない。

　さて、これを読んだ皆さんはどんな感想をもつだろうか。発表当時（1974年）と現在（2021年）では反応はかなり異なるだろう。特に、提言に賛成したり反対したりする部分が相当違うだろう。例えば、「わが国では外国語の能力のないことは事実として全く不便を来さない。現実の社会では誰もそのような能力を求めていない。英語は単に高校進学、大学進学のために必要な、受験用の「必要悪」であるにすぎない」は、現在（2021年）の日本社会では、だいぶ極端な話に聞こえるかもしれない。和製英語、カタカナ英語（日本語化した英単語）などを含む英語が溢れている現在の日本社会では、「全く不便を来さない」とは言えない。高校卒でも大学卒でも、会社で働き出せば多少とも英語の能力が求められる。特に、多様な国籍の訪日外国人や外国人労働者が増えている現状では、英語その他の外国語能力が求められる機会が増えている。英語を学ぶ子ども達も、「受験用の「必要悪」であるにすぎない」と考えている子ども・生徒は、当時よりは減っているだろう。

　しかし、「卒業の翌日から、その「学習した」外国語は、ほとんど読めず、書けず、わからないというのが、いつわらざる実状である」には、当時も現在も同意する人が多いだろう。だからこそ、現在、社会人向けの英語学校、英会話教室、ネット英会話などが隆盛なのだろう。

　現在、中学、高校、大学を卒業した日本人で、一生のうちに英語を読み書きしたり、外国人と話したりした人はどのくらい

いるだろうか。たぶん全部やった人は1％（約100万人）もい
ないだろう。日本人の99％は、英語ができなくても何も不便
を感じずに生活できる。外国旅行をしても仲間同士や団体旅行
なら日本語で間にあい、英語はほとんど必要ない。"グローバ
ル時代"といっても、大学を卒業して英語でビジネスをする人
は少数である。彼らには会社が英語の特訓をしてくれるだろう。
　また、平泉試案の「この程度（中学1年終了程度）の知識ですら、
現在の高校卒業生の大部分は身につけるに至っていない」は、
その前の「実用上の知識として」が曖昧だが、「中学1年生修
了程度の（英語の）知識を、高校卒業生の大部分は身につける
に至っていない」とするなら、当時（1970年代後半）の多くの
高校教師は賛同しただろう。現在でも全国の高校卒業生全員を
対象にするなら、50％を越えているかどうかというところでは
ないだろうか（もちろん、出題問題にもよる）。

渡部昇一氏の反論と平泉渉氏の反論

　当時、平泉試案に対して強い異論を唱えたのは、上智大学で
英語を教えていた英文学者の渡部昇一氏だった。渡部氏は平泉
氏のこのような現状認識に対しては反応せず、もっぱら日本の
明治時代以来の外国語（英語）教育を、肯定し守ろうとする姿
勢だった。「これまでの外国語（英語）教育」とは"文法訳読法"
と言われる教授方法で、内容的には"欧米の教養"中心だった。
大学では、400年も昔のシェイクスピア他の英米の難解な文学
作品を読ませるのだから、「高校三年における教科の内容はは
なはだ高度なものである」となるのは当然だろう。
　そして、渡部氏に限らないが、当時の大学英語教師のほとん

どは、「英語会話能力」などは英語圏（主に英米）で数週間過ごせばすぐに身に付くもので、大学で教える英語などではないと吹聴していた。しかし、そこで考えられていた「英語会話能力」とは"旅行英会話"程度で、"真のコミュニケーション能力"ではなかった。大学の英語教師でも、英語圏で英語のコミュニケーションができた人は多くなかった。当時外国に行って"英語でコミュニケーションする"などという日本人は、外交官や商社マンくらいに限られていた。だから当時の論争では、守旧派（保守派）の渡部氏の方が支持が多かった。要するに、渡部氏らの考えでは、日本の外国語（英語）教育は現状のままの"文法訳読法"、"教養主義英語"で良い、ということになる。

　平泉氏は、「（渡部氏らが主張する）古典教育は古典を読むための教育であるのに対し、現代外国語教育は、コミュニケーションの手段としての「生きた言葉」の習得を目的とする」と明快に述べている。つまり、渡部氏らが唱え、現実に1980年代まで日本で行われていた英語教育は、「漢文」を外国語とし、1000年以上も昔の「古文」を教える"文法訳読法"を、「英語」という外国語に適用していたのである。だから「英語」は"今使われていない死んだ英語"として死体解剖のようにして教えられていた。ただし、明治開国以来、英語を含む欧米の外国語は"直接法(direct method)"で教えられていた。これを"正則"とも言った。

　その後、日本人も外国語を教えるようになると、翻訳、通訳などのために"文法訳読法"が復活した。これを"変則"とも言った。学校では"生きた英語"も"道具としての英語"も教え学ばれず、ひたすら丸暗記が強いられたのである。"文法"

はあっても、それは"正解"として不動のものであり、使いこなす道具ではなかった。英語の"読み書き"も常に正解が決められていた。だからこそ、"受験の道具"になったとも言える。"正解"を丸暗記するのが英語の学習法にならざるを得ないし、"受験英語"とはそのようなものであった。その"文法訳読法"は、第二次世界大戦後しばらくの間"オーラルメソッド（oral method、直接法）"に代わったが、1950年代末頃から日本の英語教育に復活したのである。（幕末・明治期の翻訳については、惣郷正明著『日本語開化物語』［朝日選書360、朝日新聞社、1988年］や柳父章著『翻訳語成立事情』［岩波新書、1982年］などに詳しい。）

　しかし、大学の英語教育に対しては、60年代後半の"大学闘争（全共闘運動）"でも、学生から批判が向けられたし、第Ⅰ章で触れた渡辺武達氏（『ジャパリッシュのすすめ』）のような、大学の英語教育を改革しようとする教師たちも現れた。ベトナム反戦運動の中心メンバーだった小田実氏は、「受験英語」を痛烈に批判したし、渡部昇一氏のような"教養主義英語教育"も批判した。片桐ユズル氏は、ノーベル文学賞をとったボブ・ディランの歌詞の翻訳などもしていた。当時は、"道具としての現代英語"への風が吹きつつあったのである。そのような風の中での平泉試案はさらにラディカルだった。

　日本人の約5％、600万人の「（英語）技能士」という「英語エリート」を育てようというのである。だから私は当時、平泉試案を"英語エリート主義"として批判した。それは表層的でレッテル貼りに近い批判だったかもしれない。**ただ、私は今も、すべての日本人が外国語の一つである英語という言葉に接し、できるだけ多くの日本人が英語を利用できるようになるのがよ**

い、と考えている。ゆえに、**小学校、中学校、高校で英語が必修（選択）であるのはよい、と考えている。**平泉氏は論争の中では、「もし現実に、5％を上廻る数の生徒、ひょっとすると30％もの生徒が、夏休み返上の猛特訓を、本当に志望するのであれば大変喜ばしいことである」と言っている。ただしこれは「英語エリート」を拡大するだけの考えである。私は、高校では英語以外の外国語も履修できるのが良いと考えている。これは教師の確保などなかなか大変だが、中国、韓国などの外国人教師（ALT）を利用する方法もあるだろう。

　平泉試案の「それ（外国語学習）は膨大な時間をかけて修得される暗記の記号体系であって、義務教育の対象とすることは本来むりである」の、特に前半部分は議論のあるところだろう。**しかし、母語でない外国語としての英語を習得するためには、日本人は英語の単語、発音、熟語（イディオム idiom）、文法、用法、などを、英語母語話者や英語学者に倣ってほぼ丸暗記するしかない、というのも事実だろう。**ラテン語を学ぶのとほとんど同じである。もちろん、英語はラテン語などと違って世界の人々に使われることによって変化する。変化した英語をほとんど理屈抜きで暗記しなければならないのも事実だろう。

　「平泉・渡部論争」は、渡部昇一氏が大上段に自身の教養を振りまわしたのに対して、平泉氏も対抗して教養を披歴する形になり、議論としてはあまり生産的でなかった。両者の議論は平行線をたどったといえるだろう。ただ、終盤の方で渡部氏は、「コミュニケーション能力」向上のための英語教師の外国研修や、日本国内の学校での英語外国人教師の利用などを提唱した。また、渡部氏は小田実氏の日本人の「自前の英語」や、鈴木孝

夫氏の「イングリック」なども推奨し、「国際語（リンガフランカ）としての英語」という平泉氏の主張に賛同している。つまり、渡部氏も、日本人が国際化、情報化社会の中で「国際語」としての現代英語を使って、世界の人々とコミュニケーションができるようになるのは望ましい、と言い出したのである。

　しかし当時は、「コミュニカティブアプローチ」のような外国語教育法が一般的ではなかったこともあり、渡部氏には「コミュニケーション能力向上」のための具体的教育方法はイメージできなかったようである。いずれにせよ、平泉氏にも渡部氏にも、「小学校英語」などということはまるで視野に入っていなかった。

　余談だが、「英語教育大論争」の中の英語のローマ字表記は、コミュニケイション（communication）、ヴォキャブラリー（vocabulary）、ヴォレー・ボール（volley ball）、ウワーキング・ノウレッヂ（working knowledge）、ネイティヴ・スピーカー（native speaker）、ヴァライェティ（variety）、などと、第Ⅱ章で述べた英語の発音に近いカタカナ表記をしているが、現在では違和感をもつ日本人が多いだろう。

中学校の外国語（英語）は選択教科（課目）だった

　ところで、平泉試案は、学校で英語を学習するのは全国民の5％だけにせよ、などとかなり突飛な試案（提案）のようにも見えるが、必ずしもそうでもない。というのは、敗戦後日本の学校制度としてアメリカから「633制」が"移植"され、1947（昭和22）年に文部省が試案として出した最初の学習指導要領には、3年間の義務教育の中学校（新制）の教科に外国語（英語）が

加わったが、その外国語（英語）科は職業科とともに生徒個人個人による「選択教科」だったのである。

　1947 年当時は東京をはじめとする都市を中心に、全国的に敗戦後の焼け野原と窮乏のどん底だった。まさに今日食べる食糧もなかった。そんな状態が 10 年近く続いた。そんな中の学校は戦後ベビーブームの子どもたち（"団塊の世代"と言われ、私もその一人）で満員で、普通の公立小学校、中学校は 50 人以上の学級がほとんどだった。郡部（農山漁村）の学校は都市部ほど"すし詰め"ではなかったが、3 年間の新制中学校が義務教育になったのだから、戦前のままの学校（建物）に多数の中学生が押し込まれることになった。郡部の子どもたちの多くは中学生になっても家業（農林水産業など）の手伝いの方が中心だった。そんな子どもたちに外国語（英語）が必要なわけはなかった。文部省もそのあたりを考慮して外国語科を職業科とともに選択教科にしたのだろう。

　しかし、戦前の旧制中学校から始まった外国語（英語）科は、旧制高校の入学そして旧制大学に至る"エリートの道"への一歩であり、特に都市部では英語は庶民の羨望の的でもあった。そして第 I 章でふれたように敗戦後の都市部には英語が溢れていた。それもあって都市部の中学生は外国語（英語）科を選択する生徒が多かった。その結果 1950 年代末頃には、都市部のほとんどの中学生は中学校に英語科があるのは当たり前と思っていただろう。その頃郡部でも都市部でも英語科は実質個人選択ではなく学校選択になっていた。都市部には戦前、戦後の大学卒業者などによる、高校受験目的の英語の"私塾"も登場し出した。戦後の"塾"の始まりといえるだろう。"塾"は 1960

年代後半頃から"塾産業"として"大手民間塾（予備校など）"
へ成長し、ついには"英語民間試験業者"などにもなったので
ある。

　一方、当時農山漁村などのいわゆる郡部では、子どもは中学
校卒業後は地元の農業、林業、漁業など農林水産業に従事する
生徒がほとんどで、中学校で英語科を選択する生徒はごく少数
だった。敗戦のすぐ前までは郡部では英語は"敵の言葉"とし
て忌み嫌われ、"鬼畜米英"を叩きこまれていたのだから、郡
部で英語を勉強するなどというのは"（アメリカ）カブレ者"
などと言われ、"白い目"で見られていた。しかし、郡部にお
いても"英語"を勉強することは"エリートへの道"のように
意識されていた。考えてみれば、戦国大名の南蛮貿易やキリス
ト教や鉄砲の伝来などを通して、当時から日本にはポルトガル
語やスペイン語などいろいろな外国語が入っていたのだろう。
鎖国の江戸時代にも漢語（中国語）や蘭語（オランダ語）はも
ちろん、幕末には英語やフランス語なども勉強されていた。し
かし、それらの勉強は武士（士族）階級の上層部やインテリ層
（知識層）に限られていた。外国との貿易に携わった大商人な
ども外国語を勉強しただろう。**つまり、外国語を勉強するこ
とは日本の上層部（支配層）に入ることでもあった。**開国後の"お
雇い外国人"を通して外国語を学ぶことは、明治政府の支配層
として活動することでもあった。被支配層の中心だった農民に
とって外国語（英語）はそのようなものと意識されていたので
はないだろうか。

　それゆえに、戦後の中学校が義務制になり英語の勉強ができ
るようになるのを、"嫌悪"と"期待"のアンビバレントな気

持ちで見ていた農民や職人もいただろう。そのような農民や職人の子どもがじょじょに中学校で英語の勉強を選択しだしたのではないだろうか。1950年代には郡部の中学生もじょじょに英語科を選択しだした。しかし当時の農山漁村は僻地という言葉がぴったりする、舗装道路もなければ車も無い周囲と隔絶された集落が多かった。英語教師の数も少なかった。

　1950年からの“朝鮮戦争”を経験した日本は、米ソ冷戦（資本主義対共産主義・社会主義）の中でアメリカ（資本主義国）からの援助も増え、戦後復興へと向かいだした。都市部に工場も増え日本は工業化・産業化へと向かった。そうなると、工場で働く労働者が必要となる。そこで郡部の中学校卒業者が“金の卵”として都市部に迎えられた。続いて高校卒業者が“集団就職”で都市部に大量に移動した。そんな中で、当時、“村を育てる学力”か“村を捨てる学力”かという教育論争も起こった。義務制の中学校教育は、卒業者が村に残って、地元・故郷の農業林業漁業などを受け継ぎ発展させる人間を育てるのか、それとも都市部に出て活躍できる（結果的に村を捨てる）人間を育てるのか、という論争である。

　前者の典型が無着成恭先生の『山びこ学校』（角川文庫、昭和44年。［初版本、昭和26年］）だった。英語科を選択するなどは“村を捨てる学力”を育てることでしかないとも考えられた。しかし、当時の郡部では、戦後民法が改正されたとはいえ、戦前からの長男相続（家業を継ぐ）、“次三男”は家を出て働く、女子は嫁に行くというのが当たり前の封建的な村落共同体がほとんどだった。貧しい農山漁村では“次三男”や一部の女子は働き口を求めて都市部に出て行くしかなかった。その結果、都市

部（主に東京圏）の人口が増え、日本は 1960 年代に高度経済成長を達成したのである。

　英語科に話を戻すと、1958 年の学習指導要領が与えた影響が大きかったろう。それまでは学習指導要領は試案として 1947 年、51 年に出されており、各地域、学校の裁量による教育課程編成ができ、学校、地域ごとに英語科を生徒に学ばせるかどうかを決められた。しかし、告示（法的拘束力があるとされる）として出された 58 年の学習指導要領以降は、文部省が教育課程を編成し全国一斉に指示を出せるようになった。教育の中央集権化、国家（政府）による教育統制が強まったのである。このことについてここで深入りはしないが、全国での学校教育の“画一化”が進むとともに、子どもにとっては教育機会の“平等化”が形の上では進んだと見ることもできる。

　いずれにせよ、58 年の学習指導要領以降、全国の中学校で英語科はほとんど必修教科のような状態になり、各学校に英語専任教師も配置されるようになった。そして「英語の勉強は中学校に入ってから」という考えが社会に定着した。その背景には、工業化・産業化した日本社会が中学卒業者よりも高校卒業者を人材として求めるようになったことがある。その結果、60 年代から高校進学希望者が大幅に増えた。高校入学のための選抜試験が県単位で行われるようになり、英語が必ず試験科目に入るようになると、中学校で英語を勉強するのは“高校入試のため”ということになる。英語教師も生徒も受験のための英語トレーニングに励んだのである。

　70 年代の初めには高校入学者は 90 ％台になった。その結果もたらされたのは、6 年間英語を勉強したのに話せない、使え

ない、という "恨み節" だった。もちろんその英語トレーニングのお陰で大学入試に成功した、という生徒もいただろう。平泉試案はそのような戦後日本の英語教育の現実を見ての提案でもあった。

英語は「技能」である──「トレーニング型」英語教育法

平泉試案は「5. 高校の外国語学習課程は厳格に志望者に対してのみ課するものとし、毎日少なくとも二時間以上の訓練と、毎年少なくとも一カ月にわたる完全集中訓練とを行う。6. 大学の入試には外国語を課さない」というものだった。そのうえで、「7. 外国語能力に関する全国規模の能力検定制度を実施し、「技能士」の称号を設ける」とした。最後に「外国語教育の目的」として、「わが国民の約5％（約600万人）が、外国語、主として英語の実際的能力（実用能力）をもつことがのぞましい」とした。つまり、平泉試案は「受験英語（受験を目的とする英語）」も「教養主義英語」も否定し、少数（約5％）の日本人に、英語の「実際的能力（実用能力）」を習得させようとしたのである。

平泉氏が「技能士」という概念（称号）を考えついたのは卓見だと私は思う。「英語が特別にできる人」「英語の特別に得意な人」を「（英語）技能士」と呼ぼうというのである。「技能士」とは大工、工芸、指物などの職人や、和食、洋食、中華などの料理人、ピアノ、バイオリン、声楽などの音楽家、名画の復元師、各種のスポーツ選手、医者、歯科医師、演劇などの役者、そして何よりも翻訳家、同時通訳者、映画の字幕作成者などいろいろである。「技能」とは長年の修行によって習得される属人的（個人個人の）技である。**「英語ができること」を「技能」と見な**

すことは、「英語ができる」とは「英語という道具を使いこなす」
ということでもある。考えてみれば、「英語の４技能」とふつ
うに言うように、実は英語は技能と考えられてきたはずである。
上に例示した「技能士」の特徴とは何かと言えば、「正解（ゴー
ル）」に向かってひたすら精進すること、練習すること、暗記・
暗誦すること、である。「技能士」と言われると、認知能力を
使わないというイメージをもつ人がいるかもしれないが、それ
は間違いで、職人も料理人も音楽家もスポーツ選手も医者、歯
科医師も翻訳者も同時通訳者もみんな頭（認知能力）を使って
いる。しかし、それらの技に習熟するためには、何よりも「正解」
があり、「正解」を獲得するために師匠に倣ってトレーニング（訓
練）を重ねることが必要不可欠である。英語教師（師匠）が「ト
レーニング型」英語教育法を確立できたのは、教師だけが知っ
ている唯一の「正解」があったからである。

　しかし、学校教育での「音楽科」や「図工（美術）科」や「体
育科」が音楽専門家や美術専門家、プロスポーツ選手を育成す
るのが教育目的でないのと同様に、「英語科」も英語専門家を
育てるのが教育目的ではない。だからこそ、後の４で述べる"楽
しんで、分かる、使える"「プレイ型」英語教育法こそが大切
なのである。

2　「臨教審答申」から考える。

臨教審答申の英語教育への提言
「平泉試案」が出てから約10年後の1984（昭和59）年に、

中曽根康弘総理大臣のもとで、法律に基づく行政機関として総理府に臨時教育審議会（会長、岡本道雄京大総長、略称、臨教審）が設置された。21世紀の日本の教育のあり方を、広く長期的な視点から考えるため、有識者による5年にわたる議論が積み重ねられた。その中で外国語教育のあり方も検討された。

「教育改革に関する第二次答申」(昭和61年4月23日)では、「第3部 時代の変化に対応するための改革」の「第1章 国際化への対応のための諸改革」の「(1) 帰国子女・海外子女教育への対応」として、「将来の日本にとって、海外経験を積んだ帰国子女は貴重な財産と考えるべきである。帰国子女への対応の基本は、現地で学んだ利点が、日本の学校に入学する際や入学後に正当に評価されるよう日本の学校で工夫がなされることである」と総論的に述べられた。大沢周子氏の『たったひとつの青い空』などで訴えられた帰国生徒の苦しみが、一定程度認められたといえよう。

(2)では「留学生受け入れ体制の整備・充実」が述べられ、(3)として、「外国語教育の見直し」が述べられた。「現在の外国語教育、とくに英語教育は、長期間の学習にもかかわらず極めて非効率であり、改善する必要がある」。この総論は平泉氏と同じ現状認識といえよう。

次に各論が来る。「ア．各学校段階における英語教育の目的の明確化、学習者の多様な能力・進路に適応した教育内容や方法の見直しを行う。イ．大学入試において、英語の多様な力がそれぞれ正当に評価されるよう検討するとともに、第三者機関で行われる検定試験などの結果の利用も考慮する。ウ．日本人の外国語教員の養成や研修を見直すとともに、外国人や外国の

大学で修学した者の活用を図る。また、英語だけでなくより多
様な外国語教育を積極的に展開する」とある。「英語の多様な力」
とはいろいろなことが考えられるが、ここではたぶん単純に、
英語の「話す、聞く、読む、書く、」のいわゆる４技能が考え
られたのだろう。大学入試での第三者機関で行われる検定試験
などの結果の利用、などもここで述べられている。その後、推
薦入学などでの「英検」などの利用も進んだ。答申は次に「（4）
日本語教育の充実」、「（5）国際的視野における高等教育の在り
方」を述べている。

コミュニケーションに役立つ英語教育

　翌年の昭和62年4月1日には「教育改革に関する第三次答申」
が出された。外国語教育に関して第三次答申では、「③　コミュ
ニケーションに役立つ言語教育─国際通用語としての英語およ
び日本語─」という項目で、「ア．外国語とくに英語の教育に
おいては、広くコミュニケーションを図るための国際通用語（リ
ンガフランカ）」修得の側面に重点を置く必要があり、中学校、
高等学校、大学を通じた英語教育の在り方について、基本的な
見直しを行う」とした。ここで英語を「広くコミュニケーショ
ンを図るための国際通用語（リンガフランカ）」と位置づけ、「コ
ミュニケーションに役立つ英語教育」という考え方を鮮明に打
ち出したのである。

　そして昭和62年（1987）年8月7日に「教育改革に関する
第四次答申（最終答申）」が出された。「3　外国語教育の見直
し」では、「ア．外国語とくに英語の教育においては、広くコミュ
ニケーションを図るための国際通用語習得の側面に重点を置く

必要があり、中学校、高等学校、大学を通じた英語教育の在り方について、基本的に見直し、各学校段階における英語教育の目的の明確化、学習者の多様な能力・進路に適応した教育内容や方法の見直しを行う。イ．大学入試において、英語の多様な力がそれぞれに正当に評価されるよう検討するとともに、第三者機関で行われる検定試験などの結果の利用も考慮する。ウ．日本人の外国語教員の養成や研修を見直すとともに、外国人や外国の大学で修学した者の活用を図る。また、より多様な外国語教育を積極的に展開する」となっている。

　これは、これまでの答申を最終的に繰り返したということだろう。なお、渡部昇一氏は臨教審の第四部会の委員だった。渡部氏も最終答申に異議はなかったのだろう。

　面白いのは、臨教審では「外国語教育」に「小学校での英語教育」は全く視野に入っていなかったことである。委員の誰もが考えてもみなかったのだろう。それくらい「公立小学校での英語教育」は、日本人にはトンデモナイコトだったのではないだろうか。臨教審答申は、結局、第一部会の委員だった香山健一氏（学習院大学教授）らが主張した、教育の幅広い「自由化論」ではなく、文部省サイドの委員が主張した「学校教育の弾力化、柔軟化」路線に落ち着いた。そこから“教育の規制緩和”も進められた。臨教審答申は21世紀に向けての日本社会を、“国際化社会”“情報化社会”“生涯学習社会”などと規定し、それに向けての教育の広い分野での政策構築と実行を促したのである。臨教審答申は法律に基づく行政機関の答申だから、答申を受けた中曽根内閣以後の政府は、臨教審答申を尊重しなければならなかった。

　臨教審最終答申が出てから6年後の1992年から、「小学校英語教育」の“教育的実験”が開始されたわけだが、「小学校英語教育」の推進が臨教審答申にあったわけではない。日本人は1980年代に、60年代の高度成長期とは異なるバブル経済を経験した。特に、日本の大企業の海外進出は、世界からも驚異と脅威として受け止められた。日本人の“企業戦士”も“海外旅行者”も、飛躍的に増えた。それによって、英語の必要性は会社員だけでなく、ふつうの主婦も男性も女性も感じるようになった。**海外旅行に行った日本人は、「英語がもっと話せたら」と思い、矛先は日本の英語教育に向かい、「役に立たない学校英語教育」「6年（10年）やっても話せない学校英語教育」という非難が湧き上がってきたのである。**と同時に、「早くから英語をやっていたら話せるのに」などと早期英語教育への期待も高まった。「小学校英語教育」は臨教審答申という“上からの”声ではなく、そのような日本人の“下からの”声によって押し出された面が強い。

　行政（文部省）としてはそのような国民の声を、一定程度受け止めなければならなかったのだろう。1991年12月12日には、「臨時行政改革推進審議会（第三次行革審）」の答申が出され、その中の「国際化対応・国民生活重視の行政改革に関する第二次答申」の中で、「小学校においても英会話など外国語会話の特別活動を推進する」などの文言が入れられた。これは「学校教育の弾力化、柔軟化」の一例としてあげられた。このような答申が「小学校英語教育」の流れに竿をさしたことは確かだろう。その後の「小学校英語教育」の“教育実験”の経過は第Ⅱ章で紹介した通りである。

その後、2002年から実施の小学校学習指導要領に「総合的な学習の時間」が正式に設置され、「小学校英語（外国語）教育」が日本全国の小学校で実践され出したのである。

3　「小学校英語」の「教科化」は適切か

2000年頃からの「小学校英語教育」への批判

　私は1996年に教育課程審議会第二部会に呼ばれた（「ヒアリング」というらしい）。第二部会の会長は心理学者で京都大学教授の河合隼雄氏だった。担当の係の方からは、「総合的な学習の時間」について、特に「小学校英語教育」について話してくれということだった。係の方からは、「小学校英語教育」について授業のビデオを用意しましょうかと言われたが、私は、時間もないので自分からの話だけにしてほしいと言って了解を得た。私は30分間くらい成田小学校の実践を中心に話した。

　委員の中にいたアメリカ人が発言し、「それではこれまでの英語教育と大して変わらないのではないか」と言ったうえで、彼は「イマージョンプログラム」（immersion program　すべての教科を英語で教えること）を期待していると言った。そこで私は、「日本ではイマージョンプログラムは必要ない」と言い、「小学校から英語を教えることに日本の右派（保守派）勢力、あるいは極右ナショナリストから反対が出ないのが不思議なくらいだ」と言った。当時日本の私立幼稚園や学校で、「イマージョンプログラム」を実践していたところもあった。それが日本全国の公立学校で行われるとしたら、日本はアメリカ（英語

国）の植民地になったようなものである。

　その後、1998 年に新学習指導要領が告示され、正式に「総合的な学習の時間」が小学校、中学校、高校に設置された。そして 2002 年から小学校の「総合的な学習の時間」の中での「小学校英語（外国語）教育」がスタートしたのである。2001 年には省庁再編で文部省は文部科学省（文科省）になった。私は病気入院を機に、2006 年の第一次安倍政権成立前に教育の第一線から退いていたので、幸いにも安倍政権に "面従腹背" する必要はなかった。だから「小学校英語教育」のその後については、書物を通してしか分からない。先に取り上げたように 2000 年に入ってから急に、「小学校英語教育」についての議論が活発になり、たくさんの本も出された。

　"バラバラ" への批判

　それらの本は主に「小学校英語教育」に対する批判あるいは反対の立場からの本である。それらの批判の中には、「総合的な学習の時間」のなかでの「小学校英語教育」を正しく受け止めていないものもあった。特に、中学校の英語教師を代弁するような形で、「小学校から英語をバラバラに学んできた子ども（学んでいない子どももいる）」が中学校に入ってくるので、中学校の英語の授業がやりにくくて困る」という批判もあった。私も都内の中学校での英語授業の経験で述べたように、確かにそれが教師にとって大変なのは分かる。**しかしそもそも、小学校１年生の担任の教師は、日本語のレベルも認知的能力も様々な子どもを受け入れて、授業を始めなければならない。それと似たような状況であり、本来、中学校の英語教師が受け入れな**

ければならない現実である。

　しかし、そのような現実を受け止められない中学校の英語専科教師もいる。中学1年生に英語を教える英語教師の多くは、子どもを、英語をほとんど知らない"白紙"のようなものとして、全員を同じスタートラインから号令をかけて教えることができると考えてきた。だから、現実の変化に対応できないし、対応するには時間と忍耐が必要とされるのである。これは最初の学年の教師だけでなく、教師すべてに求められる態度（attitude）であろう。"習熟度別学級"であっても、子どもが二人以上いればまったく同じ子ども（生徒）はいない。その一人一人の違いを個性の違いと言ってもよいだろう。それを教師や学校が認め受容しないとき、教師、学校は中学1年生を同じスタートラインに並べ、ヨーイドンで「英語力」を競争させようとする。あとは子ども個々人の「暗記力」「認知力」「辛抱（我慢）力」の競争になる。これが「トレーニング（訓練）型」の英語教育である。これでは中学校から英語を学んでもちっとも面白くない、卒業後も全然役に立たない、と考える日本人が多くなるのは当然ではないだろうか。それでも頑迷な英語教師は、「暗記の訓練」「認知力の向上（鍛錬）」「辛抱（我慢）を学ぶ」などは、その後の長い人生を生きて行く上で役に立つと言うかもしれない（私も時にそう言いたくなる）。しかし、そのような諸能力は英語を教えないと育たないものなのだろうか。逆に言うと、学校で英語を教えるとは、子どもにそのような諸能力を育てるためなのだろうか。それが英語専科教師の役割なのだろうか。

　また、「バラバラ」を是正しようとすると、結局は、中学1

年生から全員に同じ検定教科書や教材・教具を与え、教師は教師用指導書通りに教えるという"教育の画一化"が起こる。これは教育の中央集権化、国家（政権の政治家や官僚）による統制（コントロール）を強化することになる。教師の仕事が、国から与えられた教育内容を画一的に子どもに教え込むことになり、結局は、ティーチングマシーン（現代ではビデオやパソコン、スマホやAIによるICT利用など）の方が効率的で、教師の教え方の「バラバラ」もなくなり平等な教え方になる、という主張に行きつく。

　確かに近い将来、IT、AIなどのさらなる進展によって、双方向のICT（Information and Communication Technology）や自動翻訳機なども優秀になり、英語の学習が子ども個人個人の「トレーニング」あるいは「プレイ」として行われるようになるかもしれない。そうなったら英語教師よりはそれに任せた方が個人個人の英語力は高まるかもしれない。（1対1で教えることになるから、確かにそうなるだろう。）そうなったときは、英語専科教師は何をすることになるのだろうか？

戦後日本の英語教育

　それはともかく、話を中学1年生の英語の授業に戻せば、中学1年生30人なりの「英語力」「認知力」その他の能力の違いを認めたうえで、教師は授業を構想し実践しなければならない。"英語専任教師"の数を増やせば問題が解決する、というような単純な話ではない。戦後、1947年に学習指導要領（試案）が出され、「外国語科」が中学校の正式な選択教科として入り、中学校英語専科教師が生まれた。連合国軍総司令部

（GHQ）の民間教育情報局（CIE［Civil Information and Educational Section.］）が主導した学習指導要領（試案）の下での「英語科」の授業や教科書は、"オーラルメソッド（oral method, 直接法）"で、洋食事のマナーやあいさつの仕方など日常会話中心の英語を教え学ばせる「生活経験型」のカリキュラム（教育課程）だった。戦前の文字、文章中心の"文法訳読法"からの大転換だった。しかし、英語の教師の多くは、外国人と英語を話す経験などほとんどなかった。英語の教師も英語を話せなかったのである。だからラジオの「英会話講座」などで自主研修した英語教師なども多かったろう。先に述べたように、学校も敗戦後の混乱のなかにあり、50人以上の"すし詰め学級"がふつうだったので、"英会話の授業"などはほとんど成り立たなかった。

　10年後の1958年に、カリキュラムが教科中心の「系統学習型」に変わり、同時に学習指導要領は「告示」となった。それにより、全国一律のカリキュラムで教え学ばせ、教科書内容のバラツキをなくす、平等という名の画一主義がもたらされた。系統学習カリキュラムとは、「学問中心カリキュラム」とも言われ、大学の専門分野での科学的な学問的成果を高校、中学校、小学校の教科内容に降ろしてくるという考え方である。物理学や化学や生物学などの最新の知見を「理科」という教科に降ろすとか、歴史学の知見を「社会科」「歴史科」などに、国文学・日本文学や国語学・日本語学などの知見を「国語科」という教科に反映させるなどということである。他の「教科」でも大学での"親学問"を反映させようとした。「英語科」では英文学、英語学などが"親学問"ということになる。

　これにより、中学校、高校の英語の内容は一気に難しくなっ

た。一部の大学の英文学者や英語学者などは、「英語」は物理学並みに難しいものでなければならないなどとも考えた。だから難解な文学（詩、評論、批評などを含む）が大学で読めるための高校、その"基礎"としての中学校の「英語科」となる。そうなると、当然、授業は"文法訳読法"になる。その１０年後の1960年代後半から70年代にかけては、"教育の現代化"という波がアメリカからやってきて、高度産業化のための教育が強調され、「英語科」の教育内容も文学中心よりは、"現代英語（生きた英語）"や"ビジネス英語、時事英語"などが入ってくるようになった。しかし授業はそれら現代英語の文法訳読法が中心だった。そして、99％の日本人にとっては、「英語」は"入試"以外には必要のないもの、"試験""入試"のためだけに勉強するものとなり、大量の"英語落ちこぼれ（落ちこぼし）"が生み出されたのである。

　「６年間英語の授業を受けたのに話せない」というのは、単に"英会話"ができないだけでなく、"英語の授業とは何だったのか""なぜ、何のために英語の授業があるのか"という恨みの声でもあるだろう。日本の英語教育は、そのような"恨みの声"に誠実に答えなければならなければならない。そこで私は、これまでの「トレーニング（訓練）型」の英語教育を変え、「プレイ（遊び）型」の英語教育にすることを提案しているのである。教師が一方的に教え、生徒はひたすら暗記させられる。単語や熟語、文法の暗記・暗誦に明け暮れ、努力、練習が足りないと自己責任が強調され、報酬は試験での良い成績と受験合格。これでは英語の面白さ、楽しさを体験できないうちに学校が終わってしまい、ほとんどの日本人は二度と英語という言葉に出

会わない（単語や"日本語化した英語"には出会うだろうが）。英語に出会いたい人は、英会話学校などに行って下さいとなる。小学校に「英語（外国語）科」という"教科"を作ると、英語専任教師がこのような「トレーニング（訓練）型」の英語教育を持ちこむ恐れがある。

経済界からの英語教育への批判

2000年前後には、「日本の英語教育」に対する不満や提言が経済界からも沸き起こった。1997年には日本経営者団体連合会が「グローバル社会に貢献する人材の育成を」という提言を行い、「これからの英語教育は「聞くこと（リスニング）」や「話すこと（スピーキング）」などコミュニケーション能力の育成に重点を置くべき」とした。文科省の1989年の新学習指導要領の「コミュニケーション重視」ではまだまだ足りない、ということだろう。提言では、会社による全従業員へのTOEIC、TOEFL受験の義務化や、採用時の英語力重視なども打ち出された。

2000年1月には小渕恵三内閣の諮問機関である「「21世紀日本の構想」懇談会」で、「英語第二公用語」化が議論され、「日本人全員が実用英語を使いこなせるようにする」などが目指された。同年3月には経済団体連合会（略称、経団連）が「グローバル時代の人材育成について」という提言を出し、「小学校からの英語教育」や「センター試験でリスニングテスト（聞くこと）を実施する」などの提言を行った。この頃から「国際化」よりは「グローバル化」「グローバル時代」などという言葉が使われるようになった。

　このような経済界の動きを受けて、文科省は2001年に「英語教育方法等改善の推進に関する懇談会」を設置した。そして2002年7月に文科省は、「英語が使える日本人」の育成のための戦略構想：英語力・国語力増進プラン」を出した。その中で文科省は、生徒と教師に英語力の「到達水準（到達目標）」を設定し「数値目標管理」の導入を打ち出した。前にも書いた通り、このような「数値目標管理」は行動主義・数値主義の悪しき方法だと私は思う。数値による「分かりやすさ」を求めると、数値にできない「大切なこと」を見失う恐れがある。

　文科省の「数値目標管理」としては、中学卒業者が英検3級程度、高校卒業者が英検準2級から2級程度。英語教員は英検準1級、TOEFL（PBT）550点、TOEIC 730点程度以上、などと明記された。また、高校入試及び大学入試に「外部検定試験の活用を促進する」とした。これらの「数値目標管理」が行われると、英語教育が極端に「トレーニング型」に偏る。つまり、馬（生徒、教師）の鼻先にニンジン（数値）をぶら下げて、馬（生徒、教師）を競争に駆り立て走らすようなものである。このような「トレーニング」は「教育」とは言わない。「訓練」「鍛錬」や「教化」と言うのである。日本では戦前からの「教育」即ち「訓練」「鍛錬」「教化」という流れもあり、欧米特にイギリスなどヨーロッパ諸国での、教育＝子ども一人ひとりの潜在的能力を最大限に引き出すこと、という"個性重視"の考え方がなかなか定着しない。

「小学校英語教育」の「必修化」はよい
2006年3月には第三次小泉政権下の中央教育審議会外国語

専門部会が小学校英語の「必修化」を提言した。「バラバラ」を是正しようとする、最も単純で官僚的な方法（政策）である。それを受けて 2008 年 1 月の中央教育審議会（略称、中教審）答申で、小学校での「外国語活動」の必修化（小 5 年、6 年、週 1 時間［45 分］）が決まり、2008 年 3 月には新学習指導要領が告示され、2011 年 4 月には新学習指導要領が施行された。

　私はこの「必修化」には賛成である。なぜなら、その内容は、「総合的な学習の時間」の「外国語（英語）活動」として行われた授業を、「総合的な学習の時間」から 5 年、6 年生で年間 35 時間（例えば、週 3 回 15 分ずつおこなってもよい）持ち出して「外国語活動」という「領域」を設けるだけで、「教科」ではないというのだから、これまでよりも一歩踏み出した程度だけと言うことができる。つまり「総合的な学習の時間」の中で行っていた「小学校英語教育」を全国すべての小学校 5 年、6 年生で行おうというのである。その「外国語活動」は、従来の学習指導要領と同じく「国際理解に関する学習の一環としての外国語会話等を行うときは、学校の実態等に応じ、児童が外国語に触れたり、外国の生活や文化などに慣れ親しんだりするなど、小学校段階にふさわしい体験的な学習が行われるようにすること」とある。**私は小学 1 年生からでも、「総合的な学習の時間」を利用して随時「触れて楽しむ英語（外国語）体験」をさせるのがよいと考える。**

　1992 年から教育実験として「研究開発学校」で始められた「小学校英語（外国語）教育」が、学習指導要領に明記され 2002 年から全国の小学校で実践され、その後 10 年近くの経験を踏まえて、2011 年から全国の小学生に「外国語活動」という「領

域」を設けて必ず教え学ばせようというのだから、すべての小学生が英語（外国語）に接する機会を平等に与えられることになる。保護者（納税者）にとっても歓迎できることだろう。「目標」は今まで通り言語・文化・コミュニケーションへの態度の育成であり、英語スキルの育成は明示的には示さないとなっており、学級担任（状況によって英語専科教員）と指導補助者（ALTやボランティア等）のティームティーチングが推奨されている。

　「領域」というのは「教科」ではない。戦後日本で「道徳教育」をめぐって自民党・文部省対日教組という激しい対立が起こった中で、いわば妥協の産物として文部省が考え出した「特設道徳」という「教科」ならざるものが「領域」だった。当時、「教科」なら5、4、3、2、1という相対評価をしなければならないという考え方が主流の中で、「道徳」についてそのような評価（評定）をするのはオカシイ、という批判を文部省が一部受け入れたのである。文科省には「英語」についても小学生に評定を下すのはオカシイ、というためらいがあったのかもしれない。日本では戦前から学校の「教科」というと、甲、乙、丙などの成績付け、順位付けが最優先されてきたので、戦後も、「教科」にするということは評定（順位づけ）をしなければならないと考えられたのだろう。しかし、第一次安倍政権でおこなった「教育基本法改正（改悪）」を第二次安倍政権下で引き継ぐために、「道徳科」という教科化をおこなったが、「道徳は評定できない」という世論（憲法の「内心の自由」に反する）におされて、文科省は「教科にしても評定せず」という決定を下した。

「教科化」はなぜ悪いか──6つの理由

　しかしながら、文科省は早くも2013年12月には、「小学校外国語（英語）」を「教科化」する方向を打ち出した。じつは、その前の2013年6月に、第二次安倍内閣は「第二期教育振興基本計画」を閣議決定し、「英語教科化・早期化」の提案をした。この「教育振興計画」とは、第一次安倍政権が「教育基本法改正（改悪）」に盛り込んだものである。「教育基本法（改訂）」に盛り込まれた「教育振興基本計画」の作成は政権（国家）の仕事となり、主に政権の内閣府が担うことになった。それにより、文科省の権限は大幅に弱められ、それまでは「教育基本法」にあった「国民に直接責任を負う」文科省は、政権（内閣府）が決めた「教育基本計画」に従わなければならなくなった。文科省の中央教育審議会その他の審議会なども単なる“下請け機関”となった。国家（政権）による教育支配・統制が一層進んだのである。教育の専門家の発言力も低下し、専門家は政治のスピードに流されるようになった。審議会は形骸化し、専門家の熟議もなくなり“スピード感”だけが重視されるようになった。（“熟議なき決定”の失敗例の一つが「共通テスト」に「話すこと（スピーキング）」を入れようとして急きょ中止に追い込まれたことだろう。内閣府・総理官邸と文科省が対立した「加計学園問題」もその一つだろう。）

　このような経緯もあり、文科省は「教育振興基本計画」に従って2013年12月に「グローバル化に対応した英語教育実施計画」を出し、小学校の「外国語（主に英語）活動」の「教科化」の方向を打ち出した。文科省は2014年2月に「英語教育の在り方に関する有識者会議」を発足させ、2016年12月には中教審

答申で、「小5、6年での英語の教科化、小3、4年では「外国語活動」の早期化」を決定した。そして2017年3月には新学習指導要領を告示し、2020年4月から新学習指導要領を施行した。これらの決定のスピードはあまりに早いと言えよう。"拙速"で"熟議なき決定"である。私は、小学校での「教科化」は将来的にもやらない方がよいと考える。

　ただし、日本がアメリカの属国つまり51番目の州や、それに近い状態になった時は（安倍政権の民意無視の「安保法制」強行採決、「辺野古新基地建設」、アメリカからの武器の爆買いなどは、それに近い状態と言える）、「教科化」をせざるを得なくなるだろう。即ち、英語教育が「外国語教育」ではなく、「第二言語教育」になるのである。それを日本人は受け入れるのだろうか。日本が独立国である以上、英語教育は外国語教育の一つだと私は考える。そして、**"グローバル化"の時代において、独立国が母語（母国語）教育と同時に外国語教育に力を入れるのは当然のことである**。もちろん文科省は、「総合的な学習の時間」での「外国語（英語）活動」から「必修化」へ、そして「必修化」から「教科化」へ、と順序を踏んで行っていると言うだろう。確かに、それが財務省からも予算をとりやすい方法なのだろう。「教科化」は、教科書関連会社、民間英語教育業者などを活性化させ、安倍政権の"経済優先"政策に一定の貢献はするだろう。しかし、そこで子ども達が犠牲になることはないのだろうか。

　現実に、小学校から英語の「教科化」をすることの弊害はたくさんある。第一は、先にも述べたように、中学校、高校の「トレーニング（訓練）型」の英語教育が小学校に持ち込まれるこ

とである。競争、競争、競争の英語教育となるだろう。英語専科教員が担当すれば、そのおそれはさらに強まる。多くの専科教員は「トレーニング型」の「小学校英語教育」を目指すだろう。中学受験での英語なども当たり前になってくる。

　第二に、競争が激しくなれば、通塾できる子どもやパソコンなどの教材ソフトを買える家庭などと、そうでない子どもの格差がさらに広がるだろう。家庭の経済状況で成績格差が広がり、子どもの進路（人生選択）に負の影響を与えるのである。

　第三に、小学生の子ども達が、自宅などでかなり多くの時間をパソコンやスマホの"英語レッスン"に向き合い、外国語としての英語の勉強・練習をすることになる。日本人の子ども（小学生）が一体何のために、そこまで英語の勉強をしなければならないのか。試験、受験、競争のためという答えしかないだろう。もちろん、英語そのものが面白くて勉強・練習をする子どももいるだろう。そのような子どもは「プレイ（遊び）型」の勉強・練習をしているのだろう。それは素晴らしいことである。しかしそれは「教科化」しなくても起こることである。

　第四に、「教科」となると、行政や教師は、かなり厳密で細かい「到達目標」即ち"Can do list."を作りたくなる。「到達目標」も行動主義心理学から考え出されたもので、アメリカでは1970年代に"マスタリーラーニング（完全習得学習）"などとして出現した。私は「到達目標」を考える意義は認めるが、「到達目標」は往々にして、"目標潰し"などと言われるように、「到達目標」だけを「正解」としてしまい、子ども達（学習者）をその「正解」に到達させるだけの授業になってしまいがちである。これも「トレーニング型」の英語授業である。

　第五は、小学校高学年（5、6年生）では特に、英語よりも日本語の作文教育に力を入れるべきである。赤ちゃん（人間）は、聞いたり、見たり、触ったり、声を出したり（話したり）、舐めたり（食べたり）などいわゆる五感を駆使して活動する。そのような直接経験は個々人の内に記憶される。その直接的経験に言葉が伴うことにより、その言葉は個々人の内に「内言」として蓄積（記憶）される。赤ちゃんはその「内言（母語）」の一部を他の人に向かって発する。その発声が「外言」と言われる。外言が文字に表わされたのが作文である。日本の学校では戦前から、「生活綴り方」という独自の作文教育が全国的に実践されてきた。「生活綴り方」とは、基本的に、子ども一人一人が自分の体験（経験）について感じたこと、考えたことを素直に個人言語、方言、標準語などで自由に綴る（書く）ことである。戦後の実践として有名なのは、先にも触れた無着成恭先生の「山びこ学校」などである。

　言うまでもないが、英語で「話す」ためには話す中味（内容）がなければならない。日本人は英語で話すとなると、今まで習って覚えた英語を話さなければならないと考える。つまり「暗記・引き出し型」でしゃべるのが英語を話すことだと考えてしまう。暗記した英語（英作文）を脳の記憶の中から探し、引き出して「外言」として発話することだと考える。つまり、英語で話す中味を自分自身で考えて話すことができない。じつはこれが日本人が英語を「話せない」大きな理由の一つではないだろうか。英語で「話す」ためには中味（内容）がなければならないが、日本人の場合、その中味（内言）は日本語（母語）で創られる。「内言」は父母（保護者）との会話によっても、読書（読むこと）

によっても、学校内外で獲得された知識などによっても形作られるが、自分が経験したこと、感じたこと、考えたことを「書くこと」によってこそ、まとまった自分の言葉として脳に蓄積される。それが「経験・創造型」発話の源泉である。それがあってこそ、その言葉（日本語）を英語で表現できるようになる。それが「英語で話すこと」であり、「英語で書くこと」であり、英語でコミュニケーションすることだろう。

だからこそ、小学生時代は母語（日本語）をしっかりと覚え、それを表現できるようになることが大切である。まさに英語（外国語）学習の基礎・基盤は母語（日本語）なのである。小学校5、6年は、急いで訓練的に英語の勉強をさせるのでなく、じっくりと日本語力を鍛えることの方が大切だろう。それは英語力の基礎となるだけでなく、日本人としての「生きる力」の基礎となるのである。

　第六の問題は、現在毎年1回全国一斉に小学6年生と中学3年生に行われている「全国一斉学力調査（テスト）」に、「英語科」も加えることになるだろうと思われることである。実際、中学生ではすでに加えられた。私は「全国一斉学力調査（テスト）」は"百害あって一利なし"、"天下の愚策"、"最悪の教育政策"だと考えているので、即刻廃止すべきだと思うが本書ではふれない。（最後の付属資料をお読みいただきたい。）現在は、小学6年生と中学3年生に「国語」と「算数・数学」（「理科」も）で行っているが、英語が「教科化」されるとそのうち小学6年生に「英語」も加わる恐れがある。そうすると、上に述べた第1から第3の問題が一挙にふきだすのである。現場の教師は5、6年生の「英語」の時間をもてあまし、結局、英語の文字、単

語のつづり（スペル）を覚えさせたりして、中学校の「英語」
の内容をどんどん降ろしてきて「トレーニング型」の授業に精
を出すようになるだろう。小学校でのこのような危険性からも、
私は小学校で英語を「教科化」すること、すなわち小学校での
「英語科」設置に反対するのである。

　大津由紀雄氏は、当初は鳥飼玖美子氏とともに小学校での英
語教育に反対だったが（鳥飼、大津共著『小学校でなぜ英語？』
岩波ブックレット、2002 年）、2013 年には小学校での「外国語（英
語）活動」には必ずしも反対ではないようだ（大津由紀雄他著『英
語教育、迫り来る破綻』ひつじ書房、2013 年）。「総合的な学習の
時間」での「小学校英語教育」には、大津氏は講師として小学
校の学級担任の先生方の取り組みに助言したり、励ましたりし
ているようだ。ただし、「必修化」に賛成か反対かは必ずしも
明確にしていない（たぶん反対ではないのだろう）。

　それはともかく、大津氏は文科省が「小学校英語」を「教科化」
しようとしていることには、2013 年の時点では“教科化絶対
反対”と言っている。さらに、小学校の英語は“英語専科教員”
でという考え方に対しても反対し、“教科化・専科化絶対反対”
と言っている。その理由も述べておられるがここでは割愛する
（私は大津氏の“教科化・専科化絶対反対”という主張には賛
同する。大津氏の反対理由は、私が反対する上述のような理由
とは違うが、大津氏が「小学校英語教育」に慎重なことを除け
ば、大津氏の反対理由（小学校英語専科教員を用意することの
予算、養成の膨大さなど）を加えることに異存ない。私は「小
学校英語教育」の「教科化・専科化」そのものに反対だという
ことは重ねて表明しておく。予算等お金の問題ではない。

4 「どうして英語をやるんですか？」

（1）「真のコミュニケーション重視」の外国語教育を
──小、中、高、大の連携とは

　英語に対する見方、考え方の大転換を

　本書を通して私が一貫して主張してきたことは、日本人の英語に対する見方、考え方（意識）を大転換すべきではないか、ということである。本書を読んで、何だこんなの当然のことではないか、と思われた読者は大転換も小転換もする必要はないだろう。ここに言う日本人とは、父母（保護者）をはじめとする一般の大人や英語教師はもとより、小中高の子どもや大学生など、これまでもこれからも英語に接する人々である。要するに、日本人全体として英語に対する見方、考え方（意識）を転換しなければならないのである。「ナンダ、英語ってこんな簡単な言葉じゃないか」と考えるようになればよい。確かに、近年そのような意識を持つ日本人の若者が増えているように私は思う。英語を話す外国で生活したことのある日本の若者は特にそうだろう。もちろん日本語が難しいのと同様に英語だって難しい言葉、言い方がいっぱいあるのは当然だ。日本人がちょっと聞いて聞きとれるようなものでもない。**しかし、簡単な英語でもコミュニケーションできるのが英語である。**

　しかしながら、英語を教える日本人教師（学校では英語専科教師）の意識はどうだろうか。"英語崇拝"という意識は相当減退しているだろうが、子ども・生徒に対してことさらに「英語は難しい言葉」として教えていないだろうか。「そんな発音

では英語じゃない」とか、「そんな簡単な英語は英語専科教師が教えるような英語じゃない」などと、かつての渡部昇一氏のような意識はないだろうか。私は特に日本人の英語専科教師にそのような意識の転換を求めたいが、英語専科教師から「そんなの古い。とっくの昔に変わっているよ」と言われれば、老婆（爺）心としてお許しいただきたい。そのような英語専科教師なら小学生の子ども達からも歓迎されるだろう。

英語に対する意識（見方、考え方）の転換は、具体的な教育方法としては、「トレーニング型」教育法から「プレイ型」教育法への転換であり、「暗記・引き出し型」発話から「経験・創造型」発話への転換であり、文字（単語、イディオム、文章）中心から発話（音声・発音、言葉）中心への転換である。日本は古来、漢字をはじめ文字、文章の解読を中心にして外国語、外国文化を取り入れてきた。前にも触れたように、明治時代以降は“お雇い外国人”による“正則教授法”の時代もあったが、日本人はすぐに外国語の文章を解読して“変則教授法”で教え、外国語、外国文化を大量に輸入した。翻訳など活字文化が花開いたのである。それから150年ほど経過し今後も活字文化は続くだろうが、これからはIT文化、デジタル文化が隆盛となり、スマホ、パソコン、AIなどの視聴覚（audio-visual）機器が頻繁に利用されるようになるだろう。つまり、文字だけだった世界から発話（音声）と映像が同時に見られ聞かれる世界になる。それは映画の世界だと言えばそれまでだが、映画の世界が手の平の上で見られるのである。映画と違うのは双方向のコミュニケーションもできるということだろう。言葉としての英語はそのような双方向の音声映像世界を通しても学ばれるようになる

だろう。

　なんで英語やるの
　「なんで英語やるの」というのは、中津遼子氏が 1973 年に書いた本の題名である。"標準日本語" にすると、「どうして英語をやるんですか？」となる。含意は「どうして学校で英語の勉強をやらなければならないんですか？」ということになる。鳥飼玖美子氏は 2014 年の本の中で、講演に行った先の中学生から必ず多く出る質問は「なんで英語の勉強すんの？」だと紹介している（鳥飼玖美子他著『学校英語教育は何のため？』ひつじ書房、2014 年、85 〜 100 ページ。）
　子どもは、やっていることが楽しくて面白ければ、「なぜやるの？　やらなければならないの？」とは考えない。子どもは好きな遊び、運動には熱中するし、最近ではスマホのゲームなどに長い時間熱中して社会問題にもなっている。学校でも、音楽や体育を「なんでやるの？」と考える子どもは少ない。算数や国語や理科、社会などは好き嫌い（得意不得意）はあるだろうが、「なんでやらなければならないの？」とはあまり考えない。子どもなりに必要性なり有用性を理解しているからだろう。**何よりも子どもは、問題を解くこと、知識を覚えること、新しい世界や非日常的な世界を体験（経験）できること、"わかる、できる体験" をすることなどが楽しく、面白いのだろう。**
　したがって、「英語をなぜやらなければならないか？」などの質問に対して取って付けたような理由を考え出し、子どもに説明するよりは、子ども一人一人に「英語を覚える、使うって楽しいな、おもしろいな」と思えるような "英語体験" をさせ

212

ることが肝要である。そのような“英語体験”をさせるのが「プレイ（遊び）型」教育法である。「プレイ型」教育が行われる場は「公園（英語パーク）」のような所である。現実の「公園」としては一般の公園や「テーマパーク」「ディズニーランド」などがあるが、英語の教授・学習が行われる「英語公園」こそが英語の教育課程（カリキュラム）なのである。

　「英語公園」のなかにはありとあらゆる英語の“遊び道具”（教材・教具）がある。植物や動物などの本物やレプリカ、スポーツ選手や競技の写真など、漫画本や絵本のコーナー、CD、ビデオ、パソコン、スマホ、映画、音楽、レストランのメニューや食事、などなどがある場で、子ども同士、子ども達と教師が、英語でコミュニケーションをとりながら一緒に遊ぶのである。まさにアクティブラーニングの場（活動）である。公園の中には道案内の看板などもあるだろうし、一緒に歌を歌ったり、身体を動かすリズム運動をしたり、演技や演劇（プレイ）をするのもいいだろう。その輪の中に外国人やALTや「外部人材」などが加われば国際理解、親善交流会となる。

（2）小学校から大学まで「英語パーク（公園)」でプレイしよう

　上に列挙したような「英語プレイ（遊び）」の「公園」への入口はどこにでもある。幼児期から家庭でも、幼稚園・保育園でもよいだろう。**けっして押し付けず、子どもが嫌がったり、拒否反応を表したらすぐ止めることが肝要である。早く英語を教えても良いことはあまりない、と考えるべきだろう。**

小学校では、「総合的な学習の時間」ないし「外国語活動領域」で、小学校１年生からでもよい。しかし、「総合的な学習の時間」から取り出して、週１回程度行う必修としての「外国語活動領域」は早くても小学校３年生からでいいだろう。小学校４年生、５年生、６年生と学年が上がって行くにつれて、週１回か２回程度やれば十分である。忘れないために多くやれば良いなどとは考えない方がいい。**忘れないためにやるのではない。あくまで、英語の発話（音声・発音、言葉）に慣れさせるためにやるのである。**「abc…」などは毎回大きな声で歌えばよい。「abc の歌」もいろいろ考え出せるだろう。子どもは九九を覚えるように「abc」を覚えるだろう。教師は第Ⅰ章２の「地球市民英語」の「発音」程度を意識して教えるとよい。ただし、「地球市民英語」だから、"うるさいこと""細かいこと"は言わない方がいい。"習うより慣れろ"、"ドリル（暗記暗誦練習）よりプラクティス（表現練習）"、"とにかく言ってみる"、である。単語を教える際も、何度も同じ練習（ドリル）をやらせるのでなく、単語も一つの言葉（一語文）として、「物・こと」との対応関係など、子どもが意味を意識できるように教えるのがよい。それが「暗記・引き出し型」（丸暗記）でない「経験・創造型」（意味を意識する）学習である。

　もちろん、人間（に限らず高等動物）の学習行為には、意識的か無意識的かはともかく、必ず「ミム・メム（mim・mem; mimicry-memorization. 模倣と記憶・暗記）」が随伴する。それが随伴しなければ「学習した」とは言えないだろう。英語学習にも当然「ミム・メム」は随伴する。ただしどの程度の「ミム・メム」が随伴するかは個人個人によって違うだろう。100 回繰

り返したから全員が全部学習するわけではない。また、「ミム・メム」だけでは学習の再生産の域を出ない。

「小学校英語教育」はあくまで発話（音声・発音、言葉）中心である。発話中心とは英語を人間が話す言葉として教えるということである。当然、子どもも英語をそのようなもの（言葉）として学び覚えるだろう。だから、小学校ではできるだけ教師（人間）が子どもに対して直接に英語を話すことが大切なのである。その英語は日本人のだれもが話せる「地球市民英語」である。英語専科教師しか話せない英語ではない。だから、小学校の英語の授業は学級担任教師がやるべきなのである。

　もちろん、ALT という native English（それぞれの英語だから「地球市民英語」）を話す外国人が毎回ではなくてもいるのが望ましい。普通の日本人は子どもでも、日本語が通じない（ようにふるまってくれる）外国人だからこそ英語で話そうとするのである。「先生、日本人なのになんで日本語をしゃべんないの（英語を話すの）？」と思う子どももいるだろう。これはきわめて正常な反応である。日本人（大人）が日本人に英語で話すときの違和感でもある。しかし、学校の授業では "role play（役割演技）" として割り切るべきだろう。

　ALT がいない時（いるときでもよいが）の小学校の発話中心の授業では、audio-visual 教材（視聴覚教材）を使用するのがよいだろう。中心はビデオなどの発話（コミュニケーション）場面だろう。映像の中で実際の人間なりアニメなりが簡単な英語で会話をする場面である。小学生はそれを見るだけで会話（言葉）の意味を理解するだろう。同時に英語音声も耳に入る。視聴が終わってから教師が日本語で簡単に説明してあげて

もいい。出てきた単語なり、文なりを一緒に言ってみるのがよいだろう。映像の中の動作や踊り、歌などをやってみる（トライする）のもよいだろう。このようなことは教師集団の工夫でいろいろ考えられる。ぜひいろいろトライしていただきたい。

　小学校高学年（５年、６年）では、ALTや教師が使う英語やビデオ教材のなかに簡単な文章、文法も入ってくる。それを教える際はやはり「地球市民英語」の「文法」で述べたような視点が重要だ。S+V、S+V+O、S+V+Cを駆使した視聴覚教材をみせるのも大事だし、教師も子どもも自分の経験に則して簡単な文章をいっぱい創って発話する（プラクティス）のが大切である。"習う（ドリル）より使おう（プラクティス）"である。これが「経験・創造型」の教授・学習法である。

　本書で紹介した成田小学校の「小学校英語教育」などの実践の蓄積は全国の小学校にある。大切なのはそれを「トレーニング（訓練）型」教育法の方向に向かわせるのでなく、「プレイ（遊び）型」教育法の「外国語（英語）活動」方向へと充実発展させることである。

　そのためには、小学校英語専科教師を増やすのでなく、学級担任が子どもと一緒に英語を学び英語プレイをするのがよい。小学校の教師は大学や短大等でも英語を学んでいる。「地球市民英語」なら自信を持って使え、教えられるだろう。その中で英語が得意な教師とALTと学級（学年）担任教師が話し合って指導（授業）計画を作るのがよい。「外国語活動」なのだから、小学校でこそ英語だけでなく、中国語、ハングル、ロシア語、タイ語、ベトナム語、ブラジル語、その他の外国語（外国人）と「触れて楽しむ」交流会を開くのがよい。「手話」の実技練

習もよいだろう。地球上にはいろいろな国や地域があり、いろいろな人々（市民）が住んでおり、それぞれの言葉を持ち話しているのだと知り、体験するのは貴重な国際理解教育の場となる。

　すでに2020年度から小学校5年、6年生では教科としての「英語（外国語）科」が始まっているが、私は先に述べた6つの理由から来年すぐにでも中止した方がいいと考える。小学校で教科としての「英語」をやっても子ども一人ひとりの利益（国益ならぬ"個益"）にはならない。中学受験産業、英語塾、英会話教室などが得するだけである。検定教科書づくりには税金が投入される。そのうえ小学校英語専科教師を養成し配置するとなれば巨額の税金が必要とされる。そのような税金は小、中、高校の少人数学級に振り向けられるべきである。英語教育にとっても少人数学級によるメリット（利益）、個益は計り知れないものがある。

　小学校の「英語（外国語）活動領域」で3年間、私の言うような「小学校英語教育」をやれば、ほとんどの子どもが日常英会話はできるようになる。小学校での「日常英会話」とは、成田小学校の実践にもあるように、子どもたちが普段の日本の日常生活で見たり聞いたりして感じ、考えたことを簡単な英語で話したり聞いたりすることである。わざわざ外国旅行での英会話を覚えたり練習したりする必要はない。

　中学校では1989年の学習指導要領改訂以来、内容はともかく「コミュニケーション重視」の英語教育が実践されている。英語教育方法としてはコミュニカティブ・アプローチということになる。私が1990年代に見せていただいた長野県の公立中

学校の英語科の授業では、まさに今で言うアクティブラーニングの英語活動が実践されていた。子ども達は個人同士、グループ同士で積極的に英語でコミュニケーションを行っていた。検定教科書はすでにコミュニケーション重視に変わっているので、中学校でも「英語公園」での「プレイ型」教育法を実践できるだろう。

　中学1年生の最初からアルファベットの文字、単語、文章が入ってくる。小学校で覚えた英語発話に文字が照合されることになる。先にも述べたように、中学生でもアルファベットの文字を書くのが大変な生徒はけっこういる。**単語や文の綴り（スペル）など、じっくりと時間をかけて教え、生徒に練習させることが大切**だ。パソコン、スマホの時代には、“手書き”は必要ないのではないかという議論もあるが、日本語でも同じことはあるし、算数でも計算機でという議論はある。当面はやはり“手書き”や“手計算”はできた方が良いのではないだろうか。

　中学校になると「英語公園」の中の図書館が充実し、英語の文、文章の世界が開けてくる。子どももそれらの英文、情報の世界を体験することになる。第Ⅰ章2の「地球市民英語」で述べたように、子ども一人一人が単語をじっくりゆっくりと読むようにトライさせることが大切だ。そのあとでCDやスマホなりPCなりで発音を聞けばよい。もちろんALTや英語専科教師の発音でもよいだろう。大事なことは発音の“口真似”をするのでなく、お腹（腹式呼吸）、喉、鼻、顎、歯、舌、など自分の身体を使って発音してみることである。同じく、文、文章も教科書の英文を暗記・暗誦するというよりは、英文の中の文法（英語の構造）を理解して意味を把握し、声に出して読むこ

とが重要である。つまり、話す（発話する）ように読むのである。「ミム・メム」の学習でもある。そのなかの文法を使っていろいろな文章を自分の経験を意識しながら創ってみることも大切だ。"習う（ドリル）より使え、創れ（プラクティス）"である。

　中学校でもビデオなど視聴覚教材が多用されるべきである。英語を話す人間が出てくる音声映像（audio-visual）が重要である。会話の場面は当然として、講演、演説、語りかけ、ディベイトそのほかいろいろの場面がある。それらを英文にした教材が必要だ。それらをセットにした教科書も作られるだろう。グレタ・トゥンベリさんやマララ・ユスフザイさんなどの英語もよいだろう。そのような視聴覚教材から、いくつかのトピック（テーマ）を選び、生徒たちが個人やグループで関連する問題を調べ、英語で発表したり、討議（ディスカッション）したりすることもできよう。英語以外の教科に関連させることもできる。難しい英語にするのでなく、あくまでシンプルな英語を使おう。それができるように援助するのが英語専科教師の役割である。ぜひトライしていただきたい。

　文科省が中学校の週3時間の授業全部を英語で行えなどというのはクレイジー（狂気の沙汰）というほかない（文科省は「基本は」と弁解するだろうが）。日本はいつから"英語帝国主義"に占領されたんだ、とも言いたくなる。これまた日本人の"個益"にはならないし、生徒からの"反乱（荒れ）"も起こるだろう。私は中学校での週3回程度の英語の授業のうちの1回は、日本語による"文法訳読法"がよいと考える。中学校では英語を「読むこと」の比重が増える。英語を「読む」とは英語の意味を読み取ることである。意味を読み取り、それを日本語に言

219

い換える、あるいは日本語で表現するのが「読むこと」である。**そこで、英語と日本語の表現方法の違いを意識したり、それぞれの言葉に対する感覚を磨くこともできるだろう。自分の言語表現の幅も広がるだろう。それが英語（外国語）教育の重要な目的の一つでもある。**

　英語の意味をそのまま読み取れる（聞きとれる）のがコミュニケーションのためには重要だが、英語と日本語との“距離の大きさ”もあって日本人にはなかなか難しい。英語の意味の世界が日本人にとって非日常という場合もあるだろう。言うまでもなく、英語の文章の意味の世界は文法（ルール）が支配する世界である。その文法（ルール）を教えるのが英語教師である。文法を知ってこそ文章の意味の世界に入れる。だから中学校では「辞書（単語）を読むこと」を教えなければならない。そして文法に従った英語の作り方（英作文・英語を「書くこと」）を十分に時間をとって教え、そのような英語を使って「話すこと」、「コミュニケーションをすること」を教えなければならない。

　そのような英語の中味（内容）としては、「自分が感じたことや考えたこと」が増えるのが望ましい。すなわち、「暗記・引き出し型」の英語表現（ドリル）から、子ども一人一人の「経験・創造型」の英語表現（プラクティス、パフォーマンス）へと、なるべく多く発展・展開させるのがよい。家庭学習として自由作文や英語の手紙作り、英語日記作りなどもある。そのような英語表現を生徒同士が一対一や、小グループでコミュニケートすることも英語のアクティブラーニングの一つだろう。そのような時間が週３時間のうちに１回あるのがよい。あとの１回(時

間）の授業は“英語と日本語の両方を使う”で、あとの１回（時間）は教師も生徒も英語だけを使う英語コミュニケーション授業がよいだろう。学年が上がるにつれてこれらが３時間の中に総合されていくのが望ましいかもしれない。

　中学校では、「学校英語のような英語」（それを「地球市民英語」と言ってもよい）を学ぶのである。“英語母語話者（モデル）志向”は止めよう。暗記・暗誦の“ペラペラ英語”も止めよう。

　近年は英語（米語）のさらなるスピード化に伴って、リンキング（linking）と言われる単語の語尾の子音と次の単語の語頭の母音が連結して発音されるような現象もある。元々フランス語の特徴の一つであるリエゾンが英語に“転移”したとも言えるかもしれないが、テンポの速い曲に合わせて歌詞が作られ、いろいろなリンキングが作れられた面もあるだろう。いずれにせよ、それらは今のところ仲間内だけで通用するジャーゴン（jargon）や俗語（slang）のようなもので、「地球市民英語」として日本人に教える必要はないだろう。ただし、I'll (I will) などや、I haven't (I have not) などや、I don't (I do not) などは短縮形（省略形）として「地球市民英語」の一員である。gonna (going to) や wanna (want to) などは「地球市民英語」として一部では市民権を得ているかもしれない。しかし、ゆっくりていねいに話すのが「地球市民英語」だと私は考えたい。

　日本人は“日本人英語”を使って英語の文章を書いたり、英語で話したりすれば、地球上の英語を話す多くの市民とコミュニケーションが取れるようになる。中学校３年間の英語の授業だけで、すべての日本人（100％）は「地球市民英語」を身に付けることができる。英語は日本人の“5％”だけの“特権”で

はなくなるのである。

　高等学校でも、『これからの英語教育の話をしよう』（藤原康弘他編、ひつじ書房、2017 年）の中で藤原康弘氏が実践的に解説しているように、「コミュニケーション重視」の英語教育がALT も交えて全国的に進められているようだ。ただし、大学入試で「聞くこと」「話すこと」が重視されるにつれて、リスニングやスピーキングで「正解」が求められ、"母語話者志向"、"暗記・引き出し型"の「トレーニング型」教育方法に傾斜する恐れがある。高校の英語の授業では、上で述べた中学校の英語の文法、文章などや視聴覚教材などの高度化、精緻化などがなされるだろう。"図書館"がいよいよ充実するのである。

　私は、高等学校では英語だけでなく、中国語、ハングル、その他の外国語を生徒が選択できるようにするのがよいと考える。もちろん教師など可能な範囲でだが、英語以外の ALT やICT などの活用も考えられるだろう。高等学校の英語科では「英会話コース」、「ビジネス英会話コース」、「"文法訳読法"中心の文学コース」、「"文法訳読法"中心の自然科学読解コース」「情報解読コース」などを「英語パーク（教育課程）」内に設けて、生徒に選択させるのもよいだろう。生徒は自分の興味関心や進路を考えて、3 年間に複数のコースを選択するのもよいだろう。音声映像、CD、パソコン、スマホ、LL、ICT など多様な教具・教材を利用できるようにするのがよい。

　文科省は高校の英語履修者の到達目標として、英検 2 級ないし準 1 級以上を設定し、"Can Do list."（生徒ができるようになる項目）などを作った。このような「到達目標」を作ることはあってよいだろう。しかし、それは教師が教える際（あるい

は教科書を作る際）に必要なもので、すべての生徒にその目標一つ一つを達成させていこうとすると、"目標つぶし"の「トレーニング型」の「暗記・引き出し型」授業（教育方法）になる。それでは「真のコミュニケーション能力」は育たない。教師は「到達目標」を参考にしつつ「プレイ型」の「経験・創造型」の授業を創意工夫すべきだろう。

　すべての高校卒業者に英検２級や準１級をという目標も、現場の現実を知らない発言として"クレイジー"である。学校教育以外の英語外部試験（英検やTOEFL他）を目指すのも受けるのも個人の自由だが、学校英語教育はそれらの試験のためにあるのではない。すべての生徒（100％）に「地球市民英語」を身に付けさせることが学校英語教育の達成目標である。それ以上のことは個人個人の必要と努力によるだろう。結果として英語外部試験に合格するのは素晴らしいことである。ただし、入学試験もそうだがそれぞれの試験には"傾向と対策"が必要だろう。受験者はその勉強をしなければならない。たかが週３時間程度の学校の英語の時間に多くを期待すべきではない。文科省も教師や生徒に過大な負荷をかけるべきでない。

　余談だが、私は東京都内の地下鉄その他の鉄道を50年間くらい利用している。その間大きく変わったのは、駅員の外国人に対する対応力ではないかと思う。2000年前後から大きく変わったように思う。その頃から訪日外国人が大幅に増えはじめた。そこで彼らの地下鉄の駅員への質問も多くなった。以前は外国人から質問されると、駅員はこそこそと逃げるようにして誰か英語を話せる人はいないかと探していたが、ここ20年くらいは若い駅員が英語案内人に任せるのでなく、自分で英語を

話して対応するようになっている。若い人たちがふつうに外国人とコミュニケーションを取ろうとしているのである。若い人たちが社員教育として英語の特訓を受けたかどうかは分からないが、私はこのような所にも学校教育での英語教育の効果を見出すのである。

（3）大学入試と「真のコミュニケーション能力の育成」

　大学も高校と同様の考え方で、多様な選択コースを用意するのがよい。大学には「言語（外国語）センター」のようなものを設置するのがよい。そこでは「留学生センター」などと連携をとりながら、多様な外国人教師や留学生の協力を得て、英語だけでなくいろいろな外国語について、日本人学生や教員の論文添削、翻訳、会話指導等に当たってもらうようにする。
　大学入試は、学部、学科ごとに決めるのがよい。英語がない大学、学部、学科があってもいい。英語民間業者テストの利用の判断も大学、学部、学科ごとに決めればよい。「共通テスト」も各大学、学科の選択的任意利用にするのがよい。本当に記述式試験を重視するならば、各大学、学科は時間とエネルギーをかけてそれぞれの独自試験（「共通テスト」のもとでは「二次試験」と言われる）の充実を図るべきだろう。仮に、「聞く」「話す」の「コミュニケーション能力」をテストしようとするなら、鳥飼玖美子氏が紹介しているように、CEFR の第5の評価（評定）の考え方を重視すべきだろう。
　鳥飼氏は、EU の CE（Council of Europe, 欧州評議会）が作成し

た CEFR（Common European Framework of Reference for Languages, 欧州言語共通参照枠）を詳しく紹介しているが、英語力の評価（評定）について次のように紹介している。「もう一つ大きな特徴は、4技能ではなく5技能を測定することです。4技能とは、「聞く」「読む」の受容能力と「書く」「話す」という発信能力です。ところが CEFR では、「話す」技能を二種類に分けています。スピーチや発表など一方的に話す oral production とは別に、相互にやりとりをする interaction も評価します。「やりとり」は、相手の反応を予測できないコミュニケーション活動ですので難易度が高いのですが、現実のコミュニケーションの多くが「やりとり」という対話であることを考えれば、独立した技能として扱うことは理にかなっています」（鳥飼玖美子他著『「グローバル人材育成」の英語教育を問う』ひつじ書房、2016 年、54 ページ。）「真のコミュニケーション能力」を育成するためには、このような評価、評定（試験）が不可欠なのである。そうではなくて、単に「話すこと」「聞くこと」の個別能力（実技）を診るなら、カラオケで歌う歌を採点するように AI が採点してくれるだろう。**そのような「話すこと（スピーキング）」「聞くこと（リスニング）」の実技がいかに高得点でも、即「コミュニケーション能力」が高いとは言えない。重視されるべきは「真のコミュニケーション能力」なのである。**

　もちろん、英語を「聞くこと」「話すこと」、そして「読むこと」「書くこと」に熟達したいという人はいるだろう。しかし、必ずしも「英語母語話者」のようにはならなくても、それぞれの"技"に熟達するためには大変な努力がいる。プロ選手（プレイヤー、player）になろうとか、オリンピックに出ようと思

うくらいの意欲と意志と努力がない限り無理だろう。それが平泉渉氏の"5%論"ということである。萩生田光一文科大臣や下村博文元文科大臣などは、子ども（受験生）に「聞くこと（リスニング）」や「話すこと（スピーキング）」を強制するよりも自分でその大変さを経験してみるべきだろう。

　学校教育の英語程度では5%に入ることは到底無理である。だから、5%あるいは30%に入ろうとする人は平泉氏が言うように"特訓"をしなければならない。その"特訓"とは、"自己トレーニング（独学・独習）"とでもいうべきものだろう。学校でも学校を出てからでも、自主的にそのような"自己トレーニング"ができるように、まずはすべての日本人は"英語公園"で遊ぶのが大切である。英語に"触れて楽しめ"なければ、二度と英語を学びたいとは思わないだろう。単純な日常会話は小学校で十分できるようになるし、中学校でしっかりプレイすればかなりの程度の英語を話せ、コミュニケーションができるようになる。その先は自分の夢や必要に応じて"特訓"することになるだろう。政治家も必要に応じて"特訓"するのがよい。現代はまさに"生涯学習時代"である。学習は何歳からでもできる。

　50年前に比べて日本には大学、短大その他の高等教育機関が爆発的に増えた。しかも大学も多種多様になり、受験生も自分の専門性を求めて大学や学科を選ぶようになっている。現在では、50年前に永井道雄文部大臣が言った、東大を頂点とする"富士山型"から"八ヶ岳型"へと確実に変わった。そのころ始まった「共通一次試験」が「大学入試センター試験」を経て「共通テスト」に変わったのだが、現在の大学の多種多様な

状況をみると、「共通テスト」はもはや歴史的役割を終えたと私は思う。ただし、私立大学の多くも「共通テスト」を利用している現状をみると、「共通テスト」は民間業者ではない「大学入試センター」（国）がおこなうテスト（入試）として、国公立大、私立大などが任意に科目を指定できる制度にすべきだろう。“順位づけ”ではなく、〇〇点以上という“資格試験”にし、「二次試験」で実力（能力）を判定するのがよいのではないだろうか。「共通テスト」は一年に複数回受けられるのがよい。大学という“学びの公園”への入口もいろいろあるのがよい。

　「聞く（リスニング）」、「話す（スピーキング）」の“実技試験”をやるなら、大学、短大その他が独自に時間をかけてやるべきだが、「共通テスト」なり「遠隔（インターネット）試験」なりで、“自動採点”ができないことはないだろう。その方が採点者の主観が入らなくて客観的で公平だというお決まりの決め台詞も出てくるだろう。しかし、それは“カラオケ”での“自動採点機械”のようなものである。つまりあらかじめ決めた正解に合うか合わないかをチェックしているだけである。架空の“英語母語話者の正解”を設定するのである。それはまさに有害無益な試験である。

　「真のコミュニケ―ション能力の育成」と教師、教科書のあり方
　本書では、日本の英語教育は「トレーニング型」から「プレイ型」に転換すべきだと提案してきたが、学校での学習を「プレイ（遊び）」と聞いただけで、「ゆとり」に対すると同様に拒否反応やアレルギー反応を起こす人がいるので、「遊び」につ

いて一言だけ触れておこう。人間の本質を「ホモ・ルーデンス（遊ぶ人）」と規定し、人間の「遊び」の重要性（根源性）について最初に体系的に解明したのはヨハン・ホイジンガ著『ホモ・ルーデンス』（里見元一郎訳、講談社学術文庫、2018 年）だろう。『ホモ・ルーデンス』の副題は「文化のもつ遊びの要素についてのある定義づけの試み」とあるように、ホイジンガは太古からの人間の多様な精神活動とその多種多様な所産（文化）を分析して、「人間の文化は遊びにおいて、遊びとして、成立し、発展した」と考えた。ロジェ・カイヨワはホイジンガの考えを継承し、著書『遊びと人間』（多田道太郎・塚崎幹夫訳、講談社学術文庫、1990 年）において、人間の「遊び」そのものの不変の性質を抽出した。**結論的に言えば、人間は「遊ぶ」ことによって文化を創造するのである。「遊び」の無い活動・勉強・労働は機械のように同一物の"再生産"を繰り返すだけ、とも言えるかもしれない。**「遊び」とは人間の好奇心、冒険心、探究心の発露（行為、行動）なのではないだろうか。

　本書で強調してきた「遊び（プレイ）」はそれほど高級なものではないかもしれないが、ちょっと考えてみれば、play baseball. play succor. play the piano. play the violin など、みんな「遊び(play)」である。プレイをしなければ上達しないのである。Play は「演劇」でもある。演劇は言葉を「話すこと」、言葉をやりとりすることすなわちコミュニケーションである。コミュニケーションもプレイの一種なのである。

　人間同士が話したり、聞いたりするのがコミュニケーションなのは言うまでもないが、人間が本その他の情報を「読む」のもコミュニケーションである。「本との対話」などとも言われ

るように、人間は本を読みながら作者や作品の世界とコミュニケーションをとろうと試みる。作者や作品と遊んでいる（戯れている）と言ってもよいだろう。**「読むこと」とはまさにプレイをしながら"教養"（"内言"）を育むことである。**

　人間にとって、誰かと話したり、聞いたりすることは、本来、生きる楽しみであり、喜びである。「遊び」と言ってもよいだろう。コミュニケーションとは一方的な宣伝やプロパガンダではない。双方向的であったとしても、損得を最優先に考える"実用"とか"功利"でもない。「聞き」「話す」ということは、相手の立場を考え、尊重し、自分の考え、立場を謙虚に反省することではないだろうか。その力を鍛えるのが、主体的な「コミュニケーション能力の育成」ということであろう。英語が「できる、できない」よりも、日本語としてそのようなコミュニケーション能力を持つことがまず大切だろう。**英語が「上手い、下手」よりも、「下手」でも一生懸命誠実に相手とコミュニケーションを取ろうと努力する能力を育むこと、それが日本人の英語教育として大切なことではないだろうか。**

これからの日本の英語教育

　最後に、これまで述べてきたことと多少重複するが、「これからの日本の英語教育（「プレイ型」英語教育）」について、検定教科書と教師に的を絞って試案（私案）のアウトラインを述べてみよう。これからの教科書は基本的に「文字」よりは「ビデオ（映像・音声）」中心となるだろう。小学校では成田小学校ほかの実践で見たように、「身体（身振り・動作や歌・会話などの音声発話）を使う」ことが中心となる。教師も子どもと

一緒に英語を使いながら「身体を使って遊ぶ（プレイする）」ことがメインとなる。そのような「ビデオ教材（教科書）」も作られるだろう。大画面での「ビデオ教材」を利用しながら教師（ALT も）が指導・援助すればよい。もちろん、「ビデオ教材」とは別の遊び（プレイ）を教師や子どもが創り出すこともあるだろう。

　一方で、小学校の英語教育課程（カリキュラム）としては、「単元（英語ではユニットとかテーマとかトピックスなどと言われる）」という考え方が重要となる（この考え方は中学、高校、大学の英語教育でも重要となる）。小学校の場合で言うと、例えば、「果物屋さん」という単元では、実際の果物屋さんでの店員と客との自然な会話を「ビデオ教材」として見せる。"What is this?" に対して、"(It is) tomato (s)." とか "apple(s)" とか "orange(s)" とかが出てくるだろう。"What fruit is this?" という質問もあるだろう。ビデオを見て、教師と子どもが何度か真似をしてから（ミム・メム）、次に実際に子供たちが「果物屋さんごっこ」をする。店員になったり、客になったりしながら英語で会話をする。子どもは思いがけない果物の名前を英語で言いたがるかもしれない。その時は教師（ALT も）が助けてあげればよい。教師も分からないときは調べて後から教えればよい。単語は辞書にあるほど（以上）の数がある。

　次の単元は、「何が好きですか？」でもよい。"Do you like apple(s)?" に対して、"Yes, I do." や "No, I do not (don't)." などは子どもは一語としてすぐ言えるだろう。会話としては、"What fruit(s) do you like?" が続いてもいいだろう。ほかに、"Do you like baseball?" や "What sports do you like?" などいろいろ考え

られる。「レストランで」という単元も考えられる。次には、
"What time is it?" の単元が続いてもよいだろう。いずれにせよ、
これらの単元の会話が「ビデオ教材」として用意されなければ
ならない。それが英語の教科書づくりとなる。学年が進むにつ
れて、"How much is it?" や "Where is the station ?" なども加え
られるだろう。成田小学校でやっていた「参道体験学習」のよ
うな「野外（屋外）体験学習」の単元も考えられる。

　中学校では、これらの単元の「ビデオ教材」が「文字（文字
教材）」にもなる。ただし、ビデオ教材のなかにテロップとし
て英語の文字や日本語の翻訳を入れるのはやめた方がいい。子
ども（中学生）にはビデオの映像の中の人物やもの・ことと
音声（発話）に集中してもらいたい。中学生には「ビデオ教
材」を英語の文字にした「文字教科書」を作らなければならな
い。単元例は省略するが、小学生用の単元の他に、中学校では
「時制（現在形、過去形、未来形）」が１年生の時から教えら
れる。"Where will you go tomorrow?" や "I went to the hospital
yesterday." などが自然な日常会話として「ビデオ教材」となり
「文字教科書」となる。中学生はそれらの会話を生徒同士で身
体を使っておこなう。当然、最初はミム・メム（「暗記・引き
出し型」会話）となるが、会話の中に生徒独自の「経験・創造
型」会話も考え出されるだろう。会話の中では、S+V. S+V+O.
S+V+C. などの文型（文法）が多用される。平叙（説明）文、
否定文、疑問文、感嘆文なども使われる。会話だけでなく、ナレー
ション（narration）や「地の文」として説明文も多くなる。人
称や、間接話法や直接話法、能動態と受動態、関係代名詞・関
係副詞、現在完了形や過去完了形、仮定法なども出てくる。そ

のような文法事項が自然な会話の中や説明の中で使われる。

　そうなると、教師はそのような文法事項について説明しなければならない。それが、週3時間の英語の授業のうち1時間の「英語と日本語を使って」の教師による説明の時間となる。残りの1時間は「身体を使って」の英語会話練習（practice）、そして残りの1時間は「文字教科書」を使っての「読み」と「書き」の時間とするのがよいのではないだろうか。「書き」の中には「自由作文」などもあるのがよい。夏休みなどの課題として、5日間の「日記」を書かせるなどということも考えられる。

　高校の英語も同様だが、「自分で学習・練習する」比重が増える。英語の「読み」は音読(声に出して読む)が基本である。「意味」を意識しながら「話すように読む」のがよい。上達してきたら「黙読」や「速読」もよいだろう。生徒一人一人が自分でいろいろな「読み」をトライするのが肝要である。「話すように書く」練習（practice）も大切である。前にも述べたように、「すべての授業を英語で」などというのはクレイジー（crazy）、“狂気の沙汰”で空想物語と言うほかない。訳読はもちろん、文法などの解説は日本語でする方が効率的、効果的だろう。教師の説明力、生徒の理解力の問題もある。「ビデオ教材」（および「文字教科書」）としては、中学校でも高校でもグレタ・トゥンベリさんのスピーチ（speech）やキング牧師のスピーチなどいろいろ考えられる。

　中学校や高校の英語の授業というと、教師が「文字教科書」の1ページずつを、「前時の復習」「本時の文法事項、新出単語などの説明」「テープの聴取」「教師の後についての読み」「まとめ」などになじみのある人が多いだろう。このようなマンネ

リの「定型的な」授業は根本的に変えられなければならない。「教科書を」教えるのでなく「教科書（ビデオ、文字）で」教える、ようにならなければならない。

　高校では英語が必修科目ではないので、いろいろな外国語の選択も考えられるが、英語について言えば、先に例示したように、「英会話コース」、「ビジネス英会話コース」、「"文法訳読法"中心の文学コース」、「"文法訳読法"中心の自然科学読解コース」、「情報解読コース」などを生徒個人個人が複数選択できるようにするのがよい。教師も自分の得意なコースを選んで教えるのが望ましいだろう。例えば、「文学コース」ではヘミングウェイ（E.M. Hemingway）やサマセット・モウム（W.S. Maugham）などの小説（「対訳本」もある）や、シェイクスピア（W. Shakespeare）の名場面、名台詞の現代語訳、ワーズワース（W. Wordsworth）の詩などいろいろある。この場合の英語の教科書は国語の教科書と同じように、小説、詩、評論その他の抜粋集となるだろう。「情報コース」では英語の新聞や雑誌、SNSなどがあるだろう。「会話コース」では映画（DVD）を利用するのもよいだろう。いずれにせよ、教師は「ビデオ教材」と「文字教材」などの効果的な組み合わせを考えながら教材研究をするのが肝要だ。内容（教材）によっては「ビデオ教材」や、LL、ICTなどに任せる方がよいものもあるだろう。生徒一人ひとりの"独学（自己トレーニング）"すなわち"自習"の時間があってもよい。授業は生徒の"独学"への"動機づけ"にならなければならない。子ども、生徒は、面白ければ自分でもっと勉強したくなるだろう。また、英語のディベイト（論争）やディスカッション（討議）をするために、教師が生徒にテーマを

与え、事前に英語の原稿（英作文）を用意させることなども考えられる。

　高校生は自分の進路も考えながら、英語（外国語）の何をどのように学習するかを考えなければならない。教師は生徒一人一人に適切なガイダンス（guidance）をしてあげなければならない。そのためにも英語教師は英語を幅広く、いろいろな英語（「地球市民英語」も含めて）を学習している必要がある。大学の英語教師も同様だろう。大学では専門分野ごとに多数の単語を覚えなければならない。思考様式も日本語と違うことがあるだろう。冠詞の a (an) や the が厄介なこともある。大学には専門性のある native speaker が必要である。大学に「言語（外国語）センター」が必要な所以でもある。これまで英語の教育課程（カリキュラム）を「公園（英語パーク）」という比喩で述べてきたが、英語の教師は比喩を使えば「公園のガイド（guide）さん（英語案内人）」ということになるだろう。

　教科書会社がこれまで述べたような「ビデオ教科書」「文字教科書」を完全に作るには１、２年以上かかるだろう。教師が意識の大転換を図るのも長い時間を要する。"文法訳読能力"だけでなく、"英語会話能力"も磨かなければならない。教師も英語をプレイして楽しまなければならない。日本の英語教育が「これからの日本の英語教育」に転換するのは長い道のりになるだろう。しかし、長い道のりも一歩を歩き出すことによって始まる。"Let's go!" "Let's go!"

大切なのは話す中味
　最後にやや長い余談を一つ。安倍晋三前首相の第二次安倍政

234

権がなぜ８年近くも続いたかについて、私は８つ以上の理由をあげられるが、そのうちの一つは日本人の"英語崇拝"である。

　安倍氏は第二次安倍政権の首相に就任するとすぐに、アメリカで英語のスピーチをした。原稿を読み上げたスピーチで、「ベンケイガナギナタヲモッテ」式（句読点が違う）のところもあったが、「へー、安倍首相は英語ができるんだ！」と感心した日本人は少なくなかったろう。これで頼りなげに見えた"安倍株"が上がったのである。「日本人は英語に弱い」と私は思わざるをえない。日本の首相なのだから外国でも日本語を話せとまでは言わないが、その後、安倍首相が英語を話しているのを見たことはなかった。あれは明らかに日本人に対する"印象操作"だったのだろう。

　そしてその"印象操作"は日本人の"英語崇拝"のお陰で成功した。実際のところ安倍氏がどれほど英語を使えるかは知らないが、その後のトランプ氏との数多くのツーショットをテレビで見ても、英語で対話をしているようには見えなかった。ゴルフは会話をしなくて済むスポーツである。英独仏などの首脳との間でも対話をしているようには見えなかった。中曽根康弘元首相や宮沢喜一元首相の時には明らかに英語の対話の音声も流されていた。安倍前首相の場合には、NHK はじめテレビ画面は通訳の姿を消して、さも二人が英語で対話をしているかのように見せていたが、音声は流されなかった。それでも日本人は安倍首相は英語がペラペラだと思ったろう。最初の印象操作の効果は絶大だった。

　安倍前首相はトランプ大統領の言いなりに"武器の爆買い"をした。お金を出せば言葉は要らないのである。それで安倍前

首相はトランプ大統領に "おんぶに抱っこ" をしてもらえた。トランプ氏にとってこんなに可愛い子どもはいないだろう。コミュニケーションの図4（160ページ）に戻れば、日本とアメリカの関係はフェイズ1になったのである。これでは日本とアメリカはフェイズ5のコミュニケーション関係にはとうてい辿り着けない。安倍前首相はある意味能弁だった。私は折々に "巧言令色鮮仁" という言葉を思い出した。バーンスティンの分類で言えば、「精緻化コード」の使用者なのだろう。しかし、安倍元首相の場合、「精緻化コード」を使って語られる言葉は「暗記・引き出し型」の典型である。安倍元首相はたぶん暗記力に優れているのだろう。持ち前の暗記力で「森友・加計・桜問題」で同じ答弁を繰り返し、フェイズ3のディスコミュニケーション関係を維持した。

　安倍前首相を継承する菅義偉首相は、確かに国会答弁でも安倍首相と同様に「暗記・引き出し型」のディスコミュニケーションを繰り返している。中味はスカスカだ。しかも菅義偉首相の場合は、「菅（カン）ニングペーパー」に頼るしかないようだ。菅首相の言葉は秋田訛りの「限定化コード」で、訥々と話しているように見えるが、そのような言葉のコードに騙されてはいけない。問題は言葉の中味（内容）なのである。言葉の中味を吟味するのが「真のコミュニケーション」ということである。菅首相は官房長官時代から、沖縄県の日本人の度重なる選挙や住民投票の民意（「話し」）を無視し続けている。安倍氏も菅氏も想像力で自分を反省し変えようとはしていない。図4のフェイズ3のままである。日本語で「真のコミュニケーション」ができない人は首相として適任（適材適所）といえないのではな

いだろうか。

　ついでに言えば、アメリカのトランプ前大統領の英語は「地球市民英語」のようにシンプルで力強い。日本人の特にTOEFL などの高得点者には、トランプ氏の英語は日本の中学生レベルで酷いもんだ、と言っていた人も少なからずいた（私の友人も）。アメリカ人から「あんた、日本語下手ね」と言われるようなものかもしれない。トランプ氏の英語は確かに日本の「学校英語のような英語（地球市民英語）」で私にも明瞭にわかる。その結果、トランプ氏が地球環境問題や世界の市民に背を向ける考えをもっていることがよくわかった。トランプ氏の分かりやすい英語がアメリカ国民から広範な支持を得た理由の一つかもしれない。トランプ氏の支持者はトランプ氏の英語の中味をきちんと吟味すべきだったろう（吟味したから支持したのかもしれないが）。

　一方のバイデン氏の英語は回りくどくてわかりにくい。"アカデミック（学者っぽい）"と時に揶揄される英語だろう。日本人の TOEFL 高得点者からは"高級（上級）な英語"と言われるかもしれない。昔、英国にも留学し英語の堪能な大学教授が、ある会議で"高級な英語"を流暢に長々と話した。話し終わった時、日本語もできる英国人が、"それで何なの（何を言いたいの）？"と聞いた。英語で"And so what?"ということだろう。大学教授は苦笑いするしかなかった。**大切なのは英語が"上手い""下手"より話す中味なのである。**

　精神分析学者のジグムント・フロイトは、物理学者のアルバート・アインシュタインとの往復書簡による対話の中で次のように話している。「優れた指導層をつくるための努力をこれまで

以上に重ねていかねばならないのです。自分の力で考え、威嚇にもひるまず、真実を求めて格闘する人間、自立できない人間を導く人間、そうした人たちを教育するために、多大な努力を払わねばなりません。言うまでもないことでしょうが、政治家が力尽くで国民を支配したり、教会が国民に自分の力で考えることを禁止したりすれば、優れた指導層が育つはずがありません」（A・アインシュタイン、S・フロイト著、浅見省吾訳『ひとはなぜ戦争をするのか』講談社学術文庫、2016年、48ページ）。ここでフロイトの言う「優れた指導層」とは、首相をはじめとする政治家、官僚、学者、知識人、ジャーナリスト、そしてすべての教師などである。人々（国民大衆）を指導する指導者たちこそがしっかりと教育されなければならない、とフロイトは言っている。そのためには、政治家や教会が「力尽くで国民を支配したり、国民が自分の力で考えることを禁止してはならない」と言っている。現代では、教会を学校と読み替えることができる。熟読玩味すべきフロイトの言葉ではないだろうか。指導者こそ自分の思考力を鍛え、「真のコミュニケーション能力」を磨かなければならない。指導者に限らずすべての人間に、自己トレーニングを含む自己教育力すなわち不断の"学びなおし"が求められるのである。

付録1 「全国学力テストは無駄な公共事業」

（週刊金曜日　2006年4月7日号への投書）

　文部科学省はいよいよ膨大な予算を使って「全国一斉学力テスト」（かつて「学テ」と言われた）を復活させるようだ。「成績公表は市町村単位でなく都道府県単位」など、反対派への懐柔策を含め新しい装い（偽装）をしているが、本質はかつて1960年代から民主教育推進派が反対（裁判）闘争で追放し、「ゆとり教育」で完全に消されたかと思われた「亡霊」の復活だ。

　「学力低下論」を煽りながら、それを利用した文科省御用学者（主に一部の教育社会学者）などが、「子どもの指導（学力向上）のためのデータになる」などともっともらしく言って復活させた。

　集団の成績の平均点をとっても、そこから子ども一人ひとりへの指導のためのデータは出てこない。子ども一人ひとりへの学習指導（学方向上）は、教師が日々行なう授業やテストでの子ども一人ひとりの「つまずき」などへの丁寧な対応で行なうしかない。

　「学テ」は小学六年と中学三年のときだけといっても、すべての学年の子ども、教師が「学力競争」に強制動員されることになる。国家（中央集権）による子どもと教師と保護者への管理・統制と抑圧が強まるだけだ。

　「学力格差」を減らすには「経済格差」を減らすのが先決だ。学習指導要領の分量を増やしても「受験競争」がある限り状況は変わらない。オリンピックまがいの国家学力競争にすべての子どもを動員するのは止めるべきだ。それは教育ではない。幼稚で愚劣で有害無益な公共事業の一つにすぎない。

付録2 「全国学力テストは即刻中止せよ　税金70億円超の無駄遣い」

（週刊金曜日　2009年2月20日号への投書）

　全国学力テスト（以下全学テと略す）を巡って昨年末に秋田県知事が大阪府知事に続いて市町村に結果の公表を迫った。知事がこれを求あるのはある意味で当然である。なぜならば、国（文部科学省）は都道府県の結果を公表するのだから、知事がその「傘下」の市町村の結果を公表するのは当然だという理屈がつく。

　しかし、これは教育及び「現場」を知らない人間の官僚的理屈にすぎない。もちろん、学テは行政の調査だから結果の公開請求に応えなければならない、という正当な論理はある。しかしその「正当な論理」が全学テの実施を正当化することにならないのは言うまでもない。

　全学テの害悪については、本誌でも2007年5月18日号はじめ、その後も中嶋哲彦氏や木附千晶氏らが批判を継続している。実ほ私も本誌2006年4月7日号に「全国一斉学力テストは無駄な公共事業」という一文を匿名で投稿させていただいた。まともな教育研究者なら過去の経験に照らし合わせてもほとんどが反対するテストである。しかし、一部の教育社会学者は「ゆとり教育批判」を煽動したり、直接、間接に文科省を利用して全学テ導入を企てた。

　その一人になるかどうかはともかく教育社会学者の志水宏吉氏が最近『全国学力テスト──その功罪を問う』（岩波ブックレット、No.747）という本を出した。これはまさに「読み方注意！」の本である。一言で言えば、一見穏当で中立的にみえるが矛盾だらけの「仲間内」の論理を展開したにすぎない。矛盾の例を二つだけあげる。

志永氏は07年と08年の結果があまり変わらないので、毎年実施するのは税金70億円超の無駄遣いだから止めよと当然の主張をする。しかし09年度から中止せよとは言わずに「将来的に」と逃げている。自身は結果分析グループに入るのだから税金を無駄に食い続けることになる。また、全国順位にこだわらないと言いつつ秋田の1番と大阪の45番にこだわっている。

　最悪は、今後の調査では「家庭の教育環境の違いに迫る設問」をせよ、と迫っていることである。即ち「保護者の職業や収入や学歴や国籍」を調べ「学力」との相関を見ることである。これはプライバシーの問題よりも、教育研究のモラルに係る問題である。教育社会学者や文科省の食いぶちや業績作り、好奇心、暴露趣味のために全学テが使われる。研究者にとっては「宝の山」かもしれないが、70億円超で「ゴミの山」（公害）を作るだけである。

　全学テの結果及び弊害はすべて予想されたことである。子どもも保護者も教師も教育委員会も「学力順位」という亡霊に脅され続け、「点取り競争」に駆り立てられるだけで、国や地方にも一人ひとりの子どもや保護者にも何ひとつ利益はない。即刻中止すべきである。

おわりに

　2020年12月1日、私は前日（11月30日）に本書の原稿をほぼ完成させたので、久しぶりに日本橋丸善に立ち寄った。そこでたまたま『小学校からの英語教育をどうするか』（柳瀬陽介、小泉清裕共著、岩波ブックレット、2015年）という本に出会った。早速買って読んでみた。我が意を得た、というような内容がコンパクトにまとめられているので感激した。

　この本の中で柳瀬陽介氏が言っている「引用ゲーム」とは、私の言う「暗記・引き出し型」英語教育方法と同じ、と私は読んだ。柳瀬氏は「トレーニング中心主義」や「数値目標による管理」、「客観試験への過信」なども指摘し、批判している。全く同感である。小泉清裕氏は長年中学校、高校で英語の教師をやり、大学でも教べんをとり、1994年から小学校（私立）で英語を本格的に教えてみて、自ら経験して分かったことを詳しく述べておられる。「小学校英語教育」の貴重な実践記録でもある。ご一読をお勧めしたい。

　「小学校英語教育」に関してもう一人記録に残させてほしい人物がいる。吉村博与さんという女性である。吉村さんは大学を卒業してすぐに千葉県の小学校の教師となり、千葉県の教育委員会の「英語教室」などにも関係し、のちに中学校の英語教師となり、指導主事を経て校長先生となり定年退職された。退職後吉村さんは母校の大学院の私の研究生となった。「小学校英語教育」について研究したいということだった。私と一緒に

成田小学校の実践（実験）研究にも参加された。その後吉村さんはイギリスの大学院に留学し修士号を取得された。帰国後、吉村さんはボランティアとして千葉県、東京都の小学校に入り、「小学校英語教育」の実践に多大な貢献をされた。70歳を越えて84歳になられた今も、外部人材の英語教師ボランティアを続けられておられる。まさにギネス級の教師といえよう。

　このような人は数は多くないが全国にいらっしゃるだろう。そのような人々の努力もあって「小学校英語教育」の実験は成功したのである（この実験は宇宙にロケットを飛ばすような実験だった）。

　2020年12月18日にはもう1冊面白い本が出た。今井むつみ著『英語独習法』（岩波新書、2020年）である。私が本書で述べた英語の「自己トレーニング」を勧める本である。スマホ、パソコンその他のIT、映画も含む視聴覚教材を駆使して独習するのだから「プレイ型」でもある。今井氏自身の経験に則して、独習のための具体的な方法が詳しく説明されている。今井氏の英語に対する見方・考え方（意識）は私と同じ、と私は読んだ。一文だけ紹介させていただく。

　「自分はまだ、そんな（高度な）レベルではない、と思うかもしれない。しかし、そういう人こそ、教科書で習った定型文ではない表現のしかたで、自分のもっている語彙の範囲で基本的な単語を駆使して英語の文を作る練習をすることが大事である。」（154ページ）

　この本を読めば中学生でも高校生でも大人でも、「英語独習」ができるだろう。トライしてみてはいかがだろうか。

　私は本書を、私個人の少しばかりの経験を混ぜながら書かせ
ていただいた。同時代史的に、「小学校英語教育」だけでなく
日本の英語教育の断片を記録として残しておきたいと思った。
その意味で私は本書を講義として話すように書いたつもりであ
る。本書が私の人生の最終講義になるかどうかはわからないが、
卒業論文程度になっていれば幸いである。

　私は 1976 年（昭和 51 年）、大学院生の時に、『現代教育学の
基礎知識 (1)』（有斐閣ブックス）という本に初めて日本の「外
国語（英語）教育」について小論を書いた。その後 1983 年にも、
『教育課程事典』（岡津守彦監修、小学館）に「国語科教育」と「外
国語（英語）教育」について書いた。その後の 30 年間ほどは、
私は教育方法学・教育課程論の研究と教育に従事した。退職後
10 年以上も経って「英語教育」（「言葉の教育」）について書く
ことになろうとは、まったく思ってもいなかった。しかし、教
育学（教育方法学）の視点から、「小学校英語教育」や「日本
の英語教育」、特に英語の教師や授業や入試の在り方について、
一言言い残しておきたくなって本書を書かせていただいた。あ
とは読者に考えていただき、いろいろなトライをしていただき
たい。

　私は高校、大学、大学院と日本育英会奨学金のお世話になっ
た。退職後は年金のお世話になっている。それらに対して本書
が少しばかりの還元となれば幸いである。74 年間、私と出会い、
コミュニケーション（対話）をしてくださったすべての人お一
人お一人に心から感謝申し上げます。

　最後になるが、本書の出版をお引き受け下さり、有益なガイ

ダンスをして下さった青灯社の辻一三氏と山田愛さんに感謝申しあげます。

2021 年 1 月 17 日。74 歳の誕生日に。

猛威をふるう covid-19（新型コロナ）で亡くなられた人々、10 年前の東日本大震災・原発災害にあい亡くなられた人々、先の世界大戦によって殺されたヨーロッパ、アジア、アメリカ、日本の人々、その他阪神淡路大震災、熊本大地震など“無念の死”によって、残りの人生を奪われてしまった多くの人々に思いを馳せながら、この青い地球上ですべての生命がコミュニケーション（言葉）によって平和に生きられることを願って。

"Don't kill!"

宮原　修（みやはら・おさむ）教育研究家。1947年、宮城県仙台市生まれ。1978年、東京大学教育系大学院学校教育学科博士課程満期退学後、お茶の水女子大学などで教授、大学院教授などを歴任。その間、教育方法学・教育課程論の研究・教育に従事した。退職後は教育研究家として、教育について総合的・俯瞰的観点から研究している。著者『教育方法──授業を見る眼を養う』（国土社）、編著『新学習指導要領　学校・授業づくり実践シリーズ全5巻』（ぎょうせい）ほか

どうする？ 日本の英語教育
── 「地球市民英語」をめざそう

2021 年 4 月 5 日　第 1 刷発行

著　者　宮原　修
発行者　辻　一三
発行所　株式会社青灯社
東京都新宿区新宿 1－4－13
郵便番号 160-0022
電話 03-5368-6923 （編集）
　　　03-5368-6550 （販売）
URL http://www.seitosha-p.co.jp
振替　00120-8-260856
印刷・製本　モリモト印刷株式会社
©Osamu Miyahara 2021
Printed in Japan
ISBN978-4-86228-116-6 C0082

小社ロゴは、田中恭吉「ろうそく」（和歌山県立近代
美術館所蔵）をもとに、菊地信義氏が作成

英単語イメージハンドブック

大西泰斗／ポール・マクベイ 著　　　　　　　定価 1800 円＋税

☆ 語学番組でおなじみの著者による、「イメージ」を使った英単語学習の
　集大成

「話せる英語」へ ほんとうの近道

山岡 憲史 著　　　　　　　　　　　　　　定価 1800 円＋税

☆ 大学入試対策にも好適。英語のしくみに基づいた「話せる英語」の
　決定版！

英語の発信力を強化するレッスン［新版］

今井康人 著　　　　　　　　　　　　　　定価 1400 円＋税

☆ 豊富な例文を用いて、英語の話す力・書く力を高める方法を伝授。
著者の考案した画期的な授業法も紹介する

金原瑞人 MY FAVORITES シリーズ

金原瑞人 編　　　　　　　　　　　　　　定価各 1200 円＋税

☆ 詳しい注付きで辞書なしで読め、多読に最適。原文はすべて収録

・THE BOX（ブルース・コウヴィル 著）
・変身（フランツ・カフカ 著）
・異邦人（アルベール・カミュ 著）
・征服されざる者／サナトリウム（サマセット・モーム 著）
・キリマンジャロの雪／フランシス・マカンバーの短く幸せな生涯
・ストレンジ・カントリー（以上、ヘミングウェイ 著）
・南からきた男、ほか ロアルド・ダール短編集（ロアルド・ダール 著）
・はつ恋（イワン・トゥルゲーネフ 著）